MARKUS WOLFF UND JENS SCHRÖDER
Chefredakteure von GEO*EPOCHE*

Liebe Leserin, lieber Leser

Im Sport spricht man ja häufig vom undankbaren vierten Platz. Und dieses Bild lässt sich durchaus auch auf andere Bereiche übertragen. Zum Beispiel auf die Rangliste der bevölkerungsreichsten Länder der Erde. Die ersten drei Plätze kann wohl jeder ohne allzu viel Nachdenken nennen. Auf dem Siegertreppchen steht ja auch ein altbekanntes Trio: China, Indien und die USA. Doch wer folgt dann? Würden Sie in einer Quizshow diese Frage ohne Joker beantworten wollen? Vermutlich nicht.

Dabei ist das viertplatzierte Land – Indonesien – nicht nur Heimat von rund 270 Millionen Menschen, es ist auch eine der am schnellsten wachsenden Ökonomien der Welt. Seine Hauptstadt Jakarta liegt zudem in einer der größten Metropolregionen überhaupt. Und doch ist Indonesien und mit ihm ganz Südostasien immer noch so etwas wie ein blinder Fleck – zumindest in unserem eurozentrischen Blick. Daran haben auch die Ereignisse der Kolonialherrschaft und des Kalten Krieges nicht grundlegend etwas geändert. Für viele Europäer steht diese Weltgegend noch immer im Schatten größerer und einflussreicherer Staaten, wie eben Indien oder China.

In dieser Ausgabe wollen wir uns endlich diesem faszinierenden Zwischenreich widmen. Besonders empfehlen möchten wir Ihnen die Geschichte unseres Kollegen Johannes Strempel. Er hat die thailändische Hauptstadt Bangkok in einem entscheidenden Moment ihrer Geschichte porträtiert (Seite 100). Der Text erklärt auch, warum ausgerechnet Thailand, das damals noch Siam hieß, sich im 19. Jahrhundert der Kolonialisierung durch die Europäer entziehen konnte.

Und wir schlagen einen Bogen ins Heute: Mit der malaysischen Historikerin Sandra Khor Manickam haben wir unter anderem über den Militärputsch in Myanmar gesprochen. Die Ereignisse stimmen sie paradoxerweise hoffnungsvoll. Denn die Härte der Generäle hat dazu geführt, dass sich in ganz Südostasien gleichgesinnte Gruppen mit den Demonstrantinnen und Demonstranten solidarisieren. Und auch sonst sieht Manickam Zeichen für eine wachsende gemeinsame südostasiatische Identität. Das ganze Gespräch finden Sie auf Seite 152.

***

Seit seiner Gründung hat GEO*EPOCHE* mehr als 2000 Geschichten produziert. Und wir bemühen uns sehr, uns nicht zu wiederholen. Das heißt aber auch, dass Sie in manchen Heften möglicherweise ein Thema vermissen, weil wir es schon früher einmal behandelt haben. Deshalb bieten wir ab sofort auf GEO EPOCHE *plus* – unserem digitalen Archiv – immer ein auf jedes Heftthema zugeschnittenes Dossier aus weiterführenden Texten an.

Abonnentinnen und Abonnenten können GEO EPOCHE *plus* für nur 2 Euro monatlich nutzen. Für alle anderen Interessierten kostet der Zugang 4,99 Euro monatlich.

GEO+ EPOCHE DOSSIER

Ausgesuchter Mehrwert: Dieses neue Symbol verweist im Heft auf weiterführende Texte in unserem digitalen Archiv GEO EPOCHE *plus*

Gute Erkenntnisse beim Lesen wünschen

Jens Schröder Markus Wolff

JENS SCHRÖDER und MARKUS WOLFF

EINE VIELGESICHTIGE WELT
Wohl kaum eine Region der Erde war in ihrer langen Geschichte so offen für Einflüsse von außen wie Südostasien. In Verbindung mit ihren lokalen Traditionen haben die Menschen hier ein faszinierendes Mosaik der Kulturen erschaffen: schillernd, prächtig, einzigartig.
SEITE 10

ZU EHREN BUDDHAS
Die birmanischen Könige von Pagan errichten ab etwa 1100 Tempel um Tempel.
SEITE 38

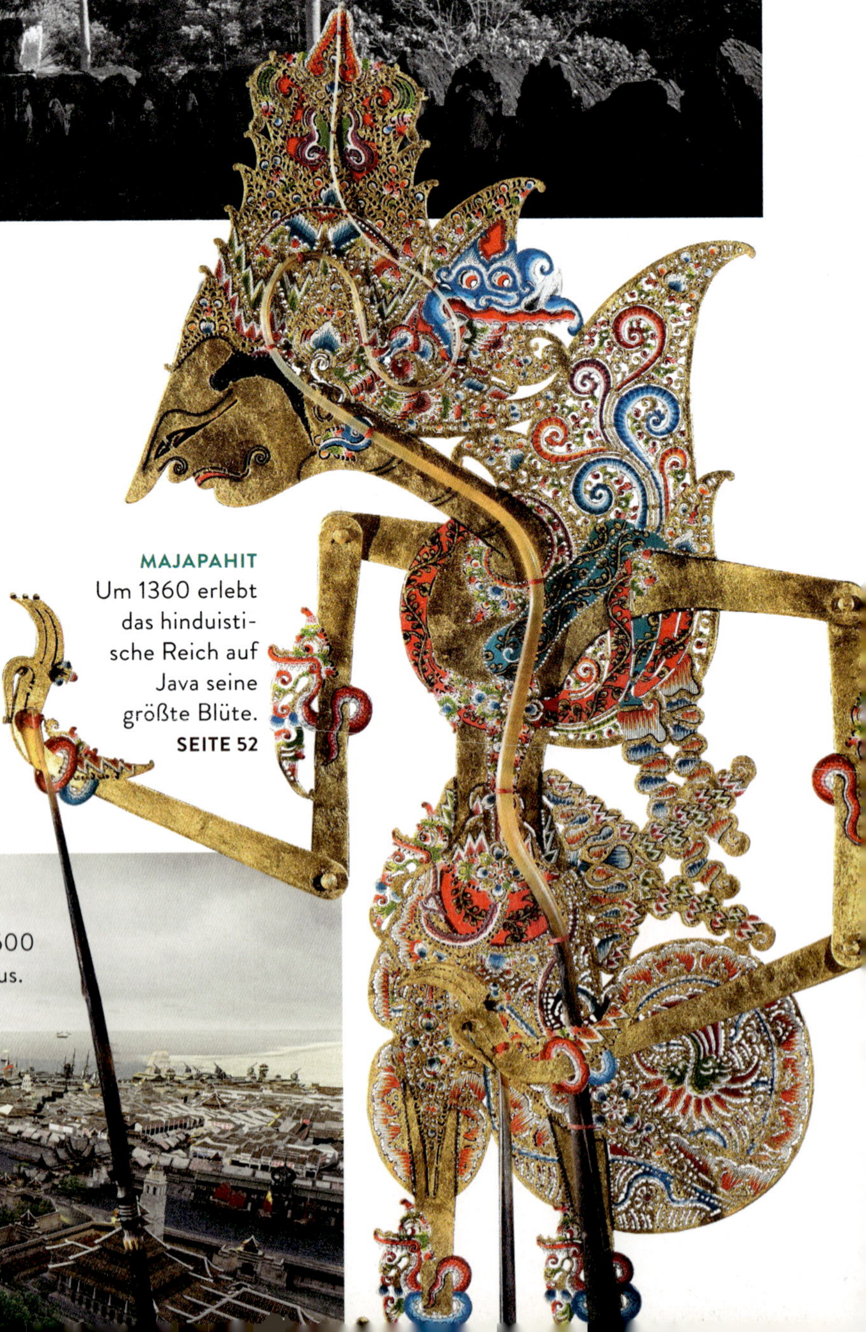

MAJAPAHIT
Um 1360 erlebt das hinduistische Reich auf Java seine größte Blüte.
SEITE 52

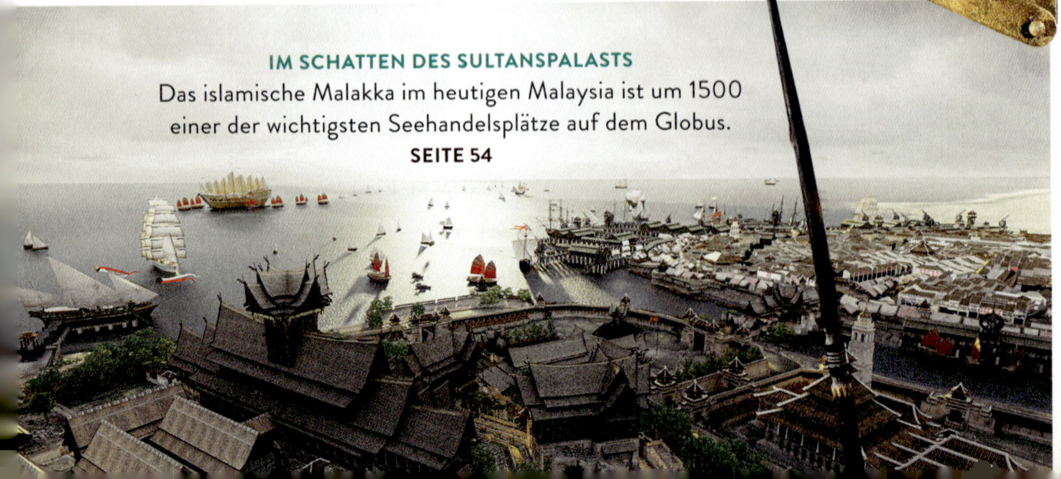

IM SCHATTEN DES SULTANSPALASTS
Das islamische Malakka im heutigen Malaysia ist um 1500 einer der wichtigsten Seehandelsplätze auf dem Globus.
SEITE 54

Inhalt

Südostasien

GEWÜRZINSELN
Die Knospen des Nelkenbaums locken die Europäer in die Region. Eine folgenreiche Begegnung.
SEITE 84

WEISER KÖNIG
Rama IV. kooperiert 1855 mit den Briten und bewahrt Siams Unabhängigkeit.
SEITE 100

KOLONIALISMUS
1866 will Paris seine Kontrolle am Mekong ausdehnen. Und entsendet eine Expedition.
SEITE 122

FREIHEITSKRIEG
Auf den Philippinen kämpfen die Einheimischen ab 1896 erst gegen Spanien – dann gegen die USA.
SEITE 136

♦ *Die mit diesem Symbol versehenen Beiträge finden Sie links bebildert*

Sie erreichen die GEO*EPOCHE*-Redaktion online auf Facebook, Twitter und Instagram oder unter *www.geo.de/epoche.*

LANDE unter den WINDEN

Eine beispiellose Diversität kennzeichnet Südostasien. Doch den Raum zwischen China und Australien eint zugleich vieles: ein gemeinsames, windgeprägtes Klima etwa – und der Charakter der ersten Herrschaften

TEXT: *Jens-Rainer Berg* KARTEN: *Stefanie Peters*

Südostasien zählt historisch bis heute zu den vielfältigsten Weltgegenden. Schon der Blick auf die Landkarte, auf das Gesprenkel der großen und kleinen Inseln im gewaltigen Archipel, auf den Block des Festlands vom Fuße des Himalayas bis zum Mekong-Delta und zur lang gezogenen Malaiischen Halbinsel, vermittelt ein Bild gewaltiger Diversität.

Spät hat die Region überhaupt ihren gemeinsamen Namen erhalten: Der Begriff „Südostasien" wird erst geläufig, nachdem die Strategen des Zweiten Weltkriegs die Landstriche als wichtigen militärischen Schauplatz definiert hatten. Seither wird das Gebiet zwischen China und Australien – heute aufgeteilt in elf Staaten, von der Landfläche her knapp halb so groß wie Europa, mit fast 700 Millionen Einwohnern aber ähnlich bevölkerungsreich – als eigenständige geografische Einheit verstanden.

Und tatsächlich sind es nicht zuletzt die Elemente, die diesen Raum bei aller Vielfalt zugleich spürbar vereinigen. In stetem Rhythmus ziehen die Monsunwinde in wechselnder Richtung über ihn hinweg, bringen den Menschen jeweils ein halbes Jahr trockeneres Klima, ein halbes Jahr andauernde, mitunter heftige Regenfälle (nur die Bergregionen im Norden und die Gegenden nahe dem Äquator sind von dieser natürlichen Taktung weniger betroffen).

Auch in Form gewaltiger Flüsse auf dem Festland, als Meer, das die mehr als 20 000 Inseln umspült, prägt das Wasser Alltag und Kultur. Sorgt für Handels- und Kommunikationswege, führt etwa (neben dem Schutzbedürfnis gegen wilde Tiere und Feinde) dazu, dass in den meisten Gegenden Südostasiens die Menschen Pfahlhäuser errichten, um auf Hochwasser vorbereitet zu sein.

Die ersten Vertreter des *Homo sapiens* sind vermutlich vor rund 65 000 Jahren von Nordwesten in die Region gekommen. Sie leben verstreut als Jäger und Sammler, ernähren sich von Früchten und Knollen, von Wild und Fisch, wohl auch von Insekten und Meeresfrüchten. Ab ungefähr 3500 v. Chr. aber ziehen neue Siedler aus dem Süden des heutigen China in die Region: Zunächst gelangen Gruppen auf das südostasiatische Festland, später dringen Menschen, deren Vorfahren mutmaßlich auch aus Südchina gekommen sind, auf dem Seeweg von Taiwan auf die Philippinen und schließlich in den gesamten Malaiischen Archipel – wie Geografen die Inselwelt Südostasiens nennen – vor.

Es ist ein Prozess, der über viele Jahrhunderte und in kleinen Schritten abläuft – doch seine langfristige Wirkung ist immens: Die Neuankömmlinge tragen Kenntnisse in Landwirtschaft, Siedlungs- und Schiffbau in die Region. Spätestens im 1. Jahrtausend v. Chr. ist aus der Jäger-und-Sammler-Kultur so eine überwiegend sesshafte,

ZWEI GEGENDEN, ELF STAATEN – UND ÜBER 20 000 INSELN

SÜDOSTASIEN mit seinen heute elf Ländern teilt sich in zwei Unterregionen: das von mehreren großen Strömen durchzogene Festland im Nordwesten sowie das gewaltige Inselgebiet im Süden und Osten, das aus insgesamt mehr als 20 000 Eilanden besteht. Die Wasserflächen dazwischen haben die Menschen historisch jedoch weniger getrennt, als – dank Schifffahrt – miteinander verbunden

FRÜHZEIT

GROSSE WANDERUNG

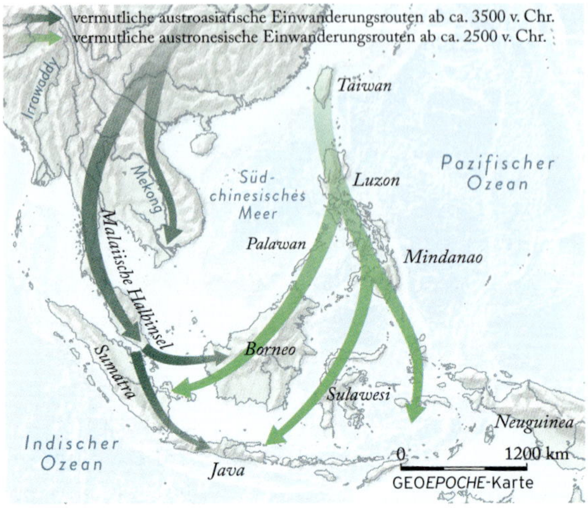

UM ETWA 3500 V. CHR. setzt eine folgenreiche Migrationsbewegung ein: Aus dem Süden des heutigen China kommen auf zwei Routen Menschen der austroasiatischen und der austronesischen Sprachfamilie als Siedler in die Region – und bringen zahlreiche zivilisatorische Fertigkeiten mit

UM 1450

PRACHT VIELER REICHE

DIE GEOGRAFISCHE Kleinteiligkeit und lokale Traditionen führen dazu, dass in Südoastasien im Verlauf der Geschichte nie riesige einheimische Imperien entstehen, sondern meist – wie hier um 1450 – viele kleinere und mittlere Herrschaften um Einfluss ringen. Eine politische Konstellation, die die Vielfalt befeuert

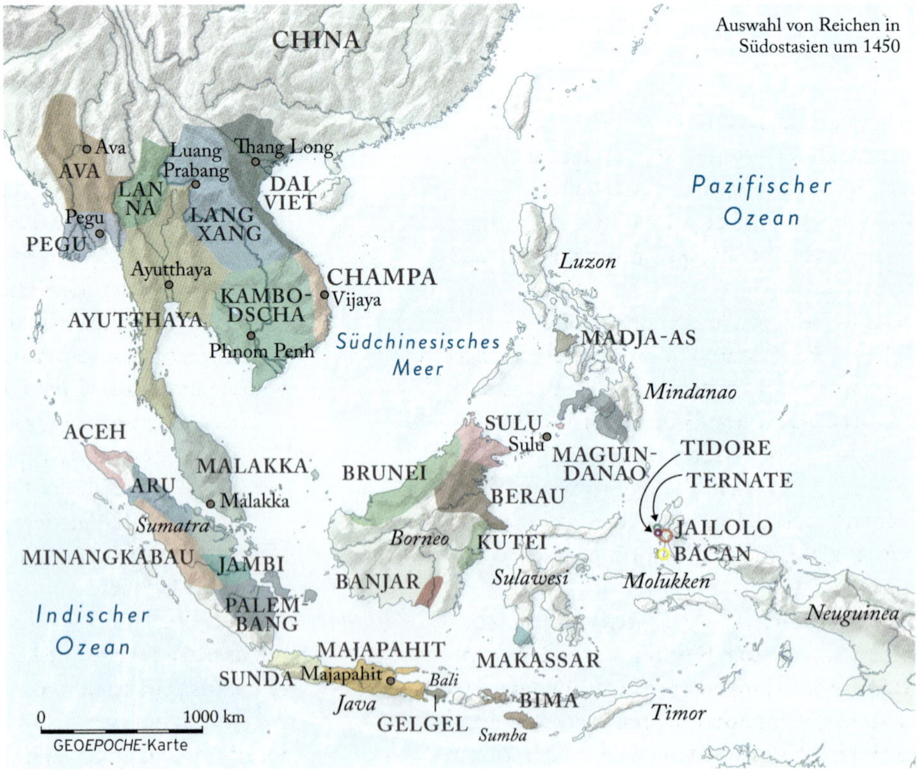

UM 1910
FREMDHERRSCHAFT

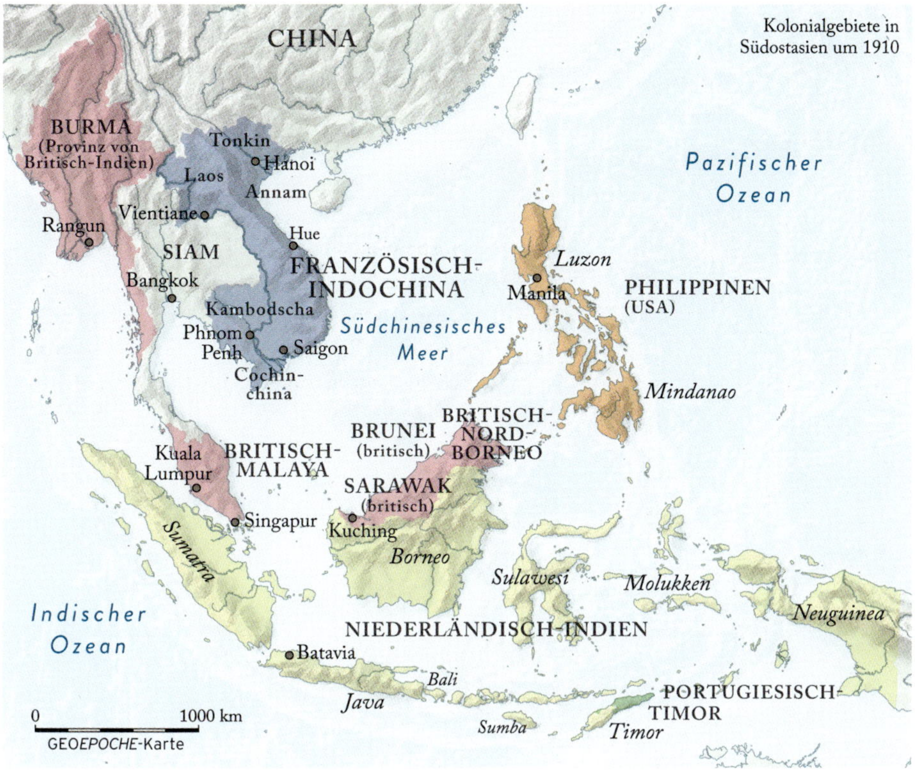

NACH IHRER ANKUNFT um 1500 festigen die Europäer ihren Griff in der Region. Um 1910 ist fast ganz Südostasien unter vier Kolonialmächten aufgeteilt. Nur Siam, das spätere Thailand, wird als einziges einheimisches Reich nie von Fremden dominiert

deutlich gewachsene Bevölkerung geworden. Mithilfe des Reisanbaus und dank der fruchtbaren Böden in großen Teilen der Region können sich die Menschen bestens versorgen. Durch leistungsfähigere Schiffe nimmt der Warenaustausch zu, legen Händler immer weitere Distanzen zurück.

Zwar gehören nun fast alle Bewohner Südostasiens zwei ursprünglich aus Südchina stammenden Sprachfamilien an, der austroasiatischen und der austronesischen. Doch spalten sich diese Blöcke vor Ort bald in Hunderte, wenngleich verwandte, einzelne Idiome auf (und später kommen durch neuerliche Einwanderungen noch weitere hinzu) – ein Beleg, wie vielgestaltig sich die Kulturen hier trotz gemeinsamer Ursprünge entwickeln.

In den Jahrhunderten vor der Zeitenwende schließlich bilden sich in der Region erste Herrschaften. Größere Siedlungen stehen unter Führung von Fürsten, die vor allem wegen ihrer Aura und Tapferkeit anerkannt werden. Weil die Menschen hier inzwischen wissen, wie sie Bronze und Eisen zu Waffen, Werkzeugen und Schmuck verarbeiten, nehmen Kriege zu, Herrscher vergrößern ihren Einflussbereich, umgeben sich mit Kostbarkeiten, die den eigenen Status bekräftigen.

Und sie nutzen die Religion für ihre Zwecke: Von Indien aus geraten bis etwa 500 n. Chr. über die Handelswege hinduistische und buddhistische Glaubensvorstellungen sowie Schriftsprachen wie das Sanskrit weit in die Region hinein. Ein König, der sich mit einer Gottheit identifiziert, der mit Inschriften von seinen Taten kündet, kann seinen Status nochmals erhöhen. So entstehen frühe Reiche, maritime Fürstentümer wie Srivijaya auf Sumatra, Handelsstaaten im heutigen Zentral- und Südvietnam, bald das Königreich der Khmer in Kambodscha.

Sie sind die Pioniere einer Riege von unzähligen, oft sehr unterschiedlichen, eigenständigen, mitunter einzigartigen Herrschaften, die im Lauf der Zeit in Südostasien erblühen und wieder vergehen. Meist eher kleine, dynamische Reiche, die keine festen Grenzen haben und kaum Institutionen: Persönliche Beziehungen prägen diese Gemeinwesen – ein politisches Grundprinzip, das unterschwellig sogar dann noch weiterwirkt, als ab der Mitte des 20. Jahrhunderts in Südostasien die heutigen postkolonialen Nationalstaaten mit ihren modernen Verfassungen entstehen. ◊

Die KRAFT *der* VIELEN

Wohl kaum eine Region der Welt ist in ihrer langen Geschichte derart offen gewesen für äußere Einflüsse wie Südostasien. Doch die Menschen übernehmen die fremden Impulse nicht einfach. Sie verschmelzen sie mit den eigenen Traditionen – und erschaffen so einzigartige, prächtige, vielfältige Kulturen. In einer Natur, die zugleich großzügig und herausfordernd ist

QUELLEN

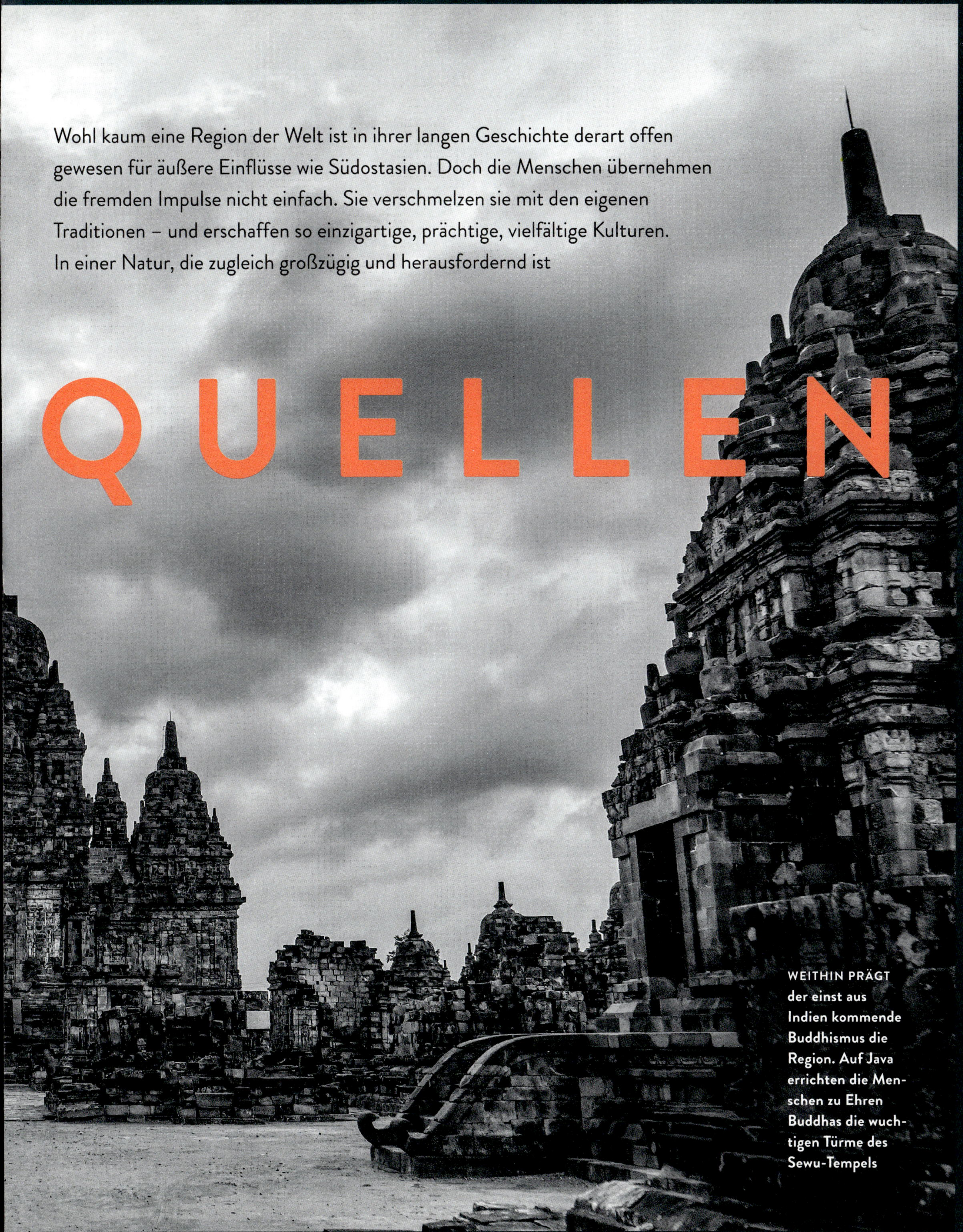

WEITHIN PRÄGT der einst aus Indien kommende Buddhismus die Region. Auf Java errichten die Menschen zu Ehren Buddhas die wuchtigen Türme des Sewu-Tempels

Von HÄUPTLINGEN *und Königen*

Lange gebieten in Südostasien – so auch im heutigen Indonesien – Anführer nur über kleine, örtliche Gemeinschaften. Als schließlich doch größere Reiche entstehen, nutzen die Herrschenden dabei auch politische Vorstellungen und Techniken aus Indien oder China

UM 800 N. CHR. dient der Buddhismus javanischen Monarchen zur Legitimierung ihrer Herrschaft. So entsteht auch Borobudur, der weltweit größte Buddha gewidmete Tempel. Eine Demonstration von Macht und Frömmigkeit

DER FÜRST von Orahili auf der westlich vor Sumatra gelegenen Insel Nias, um 1890. Bis in die Neuzeit überdauern trotz äußerer Einflüsse auch traditionelle Vorstellungen von Herrschaft – etwa dass ein Anführer wie ein Vater sei und sowohl streng als auch wohlwollend regieren müsse

DIE VOLKSGRUPPE DER BATAK, hier das Haus eines Clan-Obersten, lebt lange abgeschieden im Norden Sumatras. Doch auch diese Menschen kommen ab etwa 250 n. Chr. in Berührung mit indischen Schriftzeichen, Herrschaftskonzepten und Handwerkskünsten.

Steinerne ZEUGEN *der Vielfalt*

Um 800 erschafft das Volk der Khmer im heutigen Kambodscha das bald blühendste Staatswesen Südostasiens: Angkor. Dessen Könige verehren hinduistische Gottheiten oder folgen der buddhistischen Lehre, gestatten aber auch lokale Ahnenkulte. Und prägen so ein Reich von ungewöhnlicher Toleranz

TAUSENDE TEMPEL
gibt es im Khmer-Reich. Den Bayon, magisches Zentrum der Kapitale Angkor Thom, zieren Türme mit den meterhohen Gesichtern buddhistischer Erleuchtungswesen

UM DAS JAHR 1150
vollenden die Khmer den weltgrößten Sakralbau: Die als Abbild des hinduistischen Universums erdachte Tempelanlage Angkor Wat nimmt eine Fläche von 200 Hektar ein

Beschenkt und BEDROHT

Warmes Klima, reichlich Regen, eine üppige Pflanzen- und Tierwelt: Große Teile Südostasiens scheinen wie gemacht für menschliches Leben. Aber es erschüttern auch Vulkanausbrüche den südlichen Archipel, Erdbeben, Taifune. Und der Regenwald, der etwa große Teile Malaysias bedeckt, birgt zwar gewaltige Schätze – sie zu erschließen ist jedoch weder einfach noch ungefährlich

ELEFANTENPROZESSION im Süden der Malaiischen Halbinsel. Die gewaltigen Tiere, in einem Großteil Südostasiens verbreitet, werden mitunter kultisch verehrt, dienen als Reittier von Königen, tragen Soldaten in die Schlacht. Und sie helfen als Last- und Arbeitsvieh, die Natur urbar zu machen

IM MALAYSISCHEN REGENWALD sind Früchte, Holz und Naturheilmittel von 2000 Baumsorten zu finden, auch Gold liegt unter der Oberfläche. Doch lauern im Dickicht Tiger und Giftschlangen, müssen die Rohstoffe erst einmal aufgespürt und Wege, wie diese Straße bei Kuala Lipis, gebahnt werden (um 1900)

WASSER ist das alles beherrschende Element der Region. Die Menschen siedeln bevorzugt an den Küsten und großen Strömen, nutzen sie als Verkehrsrouten, Fischgründe, Salzquelle (Pfahlbau im Süden Malaysias)

GEISTER
und Götter

Christentum Südostasien. Doch die Weltreligionen verdrängen Ahnenkulte, Geister- und Naturglauben nicht vollständig, sondern vermischen sich oft mit ihnen

PAGODEN in der Stadt Rangun in Birma, dem heutigen Myanmar: Buddhisten bilden in dem Land die große Mehrheit der Bevölkerung. Allerdings entwickeln sich je nach Gegend unterschiedliche Varianten des Glaubens

HEILIGTUM in den Bergen: Die Kyaiktiyo-Pagode thront in der Nähe von Rangun auf einem Granitfelsen, den einer Legende nach nur ein Haar Buddhas an seinem Platz hält

Ein revolutionäres KORN

Bereits ab 3500 v. Chr. kommt vermutlich aus dem Süden des heutigen China der Reisanbau nach Südostasien. Und verändert alles: Das nahrhafte Getreide lässt Bevölkerungen wachsen, Zivilisationen aufblühen – und prägt, etwa auf den Philippinen, ganze Landschaften

WO EINST Jäger und Sammler lebten, macht der Reis die Menschen vielerorts zu sesshaften Bauern. Weil sie nicht einfach weiterwandern können, sind ihre Gemeinden leichter zu besteuern, auszubeuten – doch immer wieder regt sich in ländlichen Gebieten Widerstand (Rebellen auf den Philippinen)

EIN PHILIPPINISCHER Büffelführer bereitet ein Reisfeld zur Anpflanzung der Setzlinge vor. Später werden die Felder überschwemmt, sodass die Reispflanzen im Wasser stehen. Auf diese Weise lässt sich die Ernte, gegenüber einem Anbau im Trockenen, verdoppeln oder verdreifachen

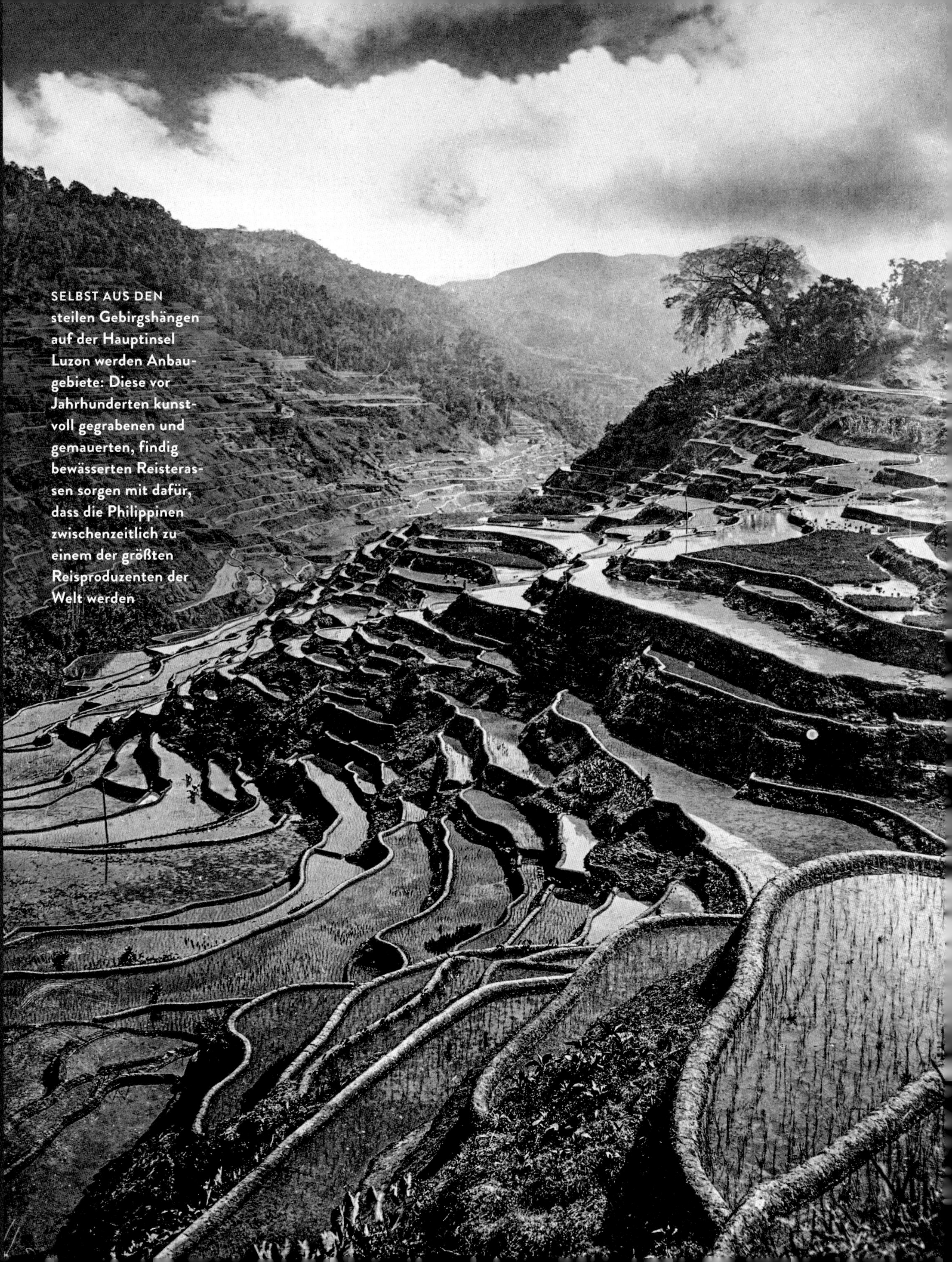

SELBST AUS DEN steilen Gebirgshängen auf der Hauptinsel Luzon werden Anbaugebiete: Diese vor Jahrhunderten kunstvoll gegrabenen und gemauerten, findig bewässerten Reisterassen sorgen mit dafür, dass die Philippinen zwischenzeitlich zu einem der größten Reisproduzenten der Welt werden

Markt der DINGE *und Geschichten*

Waren zirkulieren seit frühester Zeit in Südostasien, Händler pendeln zwischen Inseln und Regionen. Und mit den Kaufleuten und Reisenden verbreiten sich zugleich Ideen, Rituale und Legenden, speisen an vielen Orten die lokale Identität. So auch in Thailand, im Herzen des Festlands

DARSTELLER des traditionellen thailändischen Maskentanzes führen um 1910 das »Ramakian« auf. Das Werk beruht auf einem indischen Herrscherepos, das in mehreren südostasiatischen Gegenden aufgegriffen und auf die eigenen Verhältnisse umgedichtet wird. In Thailand zählt es seit etwa 1800 in einer vom König veranlassten Fassung zum kulturellen Erbe

IN KEINEM LAND der Region folgen mehr Menschen den Riten des Buddhismus als in Thailand. Prunkvolle Statuen in der Königsresidenz (links) zeugen von dessen Stellenwert

VON BOOTEN aus bieten Menschen auf einem Kanal in Bangkok ihre Waren an. Gerade die Städte an den Wasserstraßen werden zu Knotenpunkten des Nah- und Fernhandels

Orte des EIGENSINNS

Die einzigartigen Landschaften der Region prägen ihre Bewohner, wie etwa in Vietnam: Getrennt durch Bergrücken, dichte Wälder oder das Leben auf unterschiedlichen Inseln bildet sich eine enorme Vielfalt an Volksgruppen mit eigenen Bräuchen und Sprachen

VIELE HUNDERT felsige Eilande liegen in der Halong-Bucht vor der vietnamesischen Küste – um 2000 v. Chr. erblüht hier eine besondere Kultur

DIE MENSCHEN in Südostasien bewahren sich ihre Identitäten trotz langer Fremdherrschaft. Bao Dai (Mitte, im dunklen Gewand) ist 1926 als 13-Jähriger Kaiser Vietnams – die Macht aber haben in dieser Zeit französische Kolonialbeamte inne

VIETNAMESIN mit traditionellem Großhut. Frauen sind in vielen Gegenden Südostasiens lange eigenständig, dürfen Eigentum besitzen oder Handel treiben. Freiheiten, die jedoch schwinden, als sich Christentum und Islam ausbreiten ◊

Stark ist der Behauptungswille der Vietnamesen. Ein Jahrtausend lang sind sie Untertanen Chinas. Bis

Im WIDER GE

938 n. Chr. endlich der Tag gekommen ist – und sie in einer epischen Schlacht ihre Unabhängigkeit erlangen

STAND
BOREN

IM DELTA des Roten Flusses locken Vietnamesen gegen Ende des Jahres 938 Chinas Flotte in die Falle (hier ein späteres Gefecht)

TEXT: *Cay Rademacher*

An einem Tag der Trockenzeit des Jahres 938 n. Chr. enden in Vietnam 1000 Jahre Fremdherrschaft in einer Schlacht, die bloß ein paar Stunden währt. Ein kleines Volk im Südosten Asiens besiegt die dominierende Großmacht des Kontinents. Eine Truppe von entschlossenen Kämpfern bezwingt mit einem ebenso tückischen wie genialen Hinterhalt eine bestens bewaffnete und organisierte Armee.

Aus diesem Krieg der Ungleichen entsteht das Reich von Vietnam – ein Reich, für das fortan der Kampf gegen übermächtige Fremde zu so etwas wie dem Leitmotiv seiner Geschichte wird: Vietnam ist die weltweit wohl einzige Nation, die über mehrere Jahrhunderte nacheinander Asiaten, Europäer und Amerikaner besiegt.

Doch den Mann, der diesen scheinbar ewigen Abwehrkampf zwar nicht begonnen, aber zu einem entscheidenden Sieg geführt hat, kennt außerhalb Vietnams kaum jemand: Ngo Quyen. Dies ist seine Geschichte und die des von ihm begründeten Reiches.

An jenem Tag 938 n. Chr., vermutlich ist es Dezember, versteckt sich Ngo Quyen irgendwo am Ufer des Bach Dang, eines Mündungsarms im Delta des Roten Flusses.

Er ist 41 Jahre alt. Bei seiner Geburt in der Gegend des heutigen Hanoi, im Norden des modernen Vietnam, so heißt es in einer Legende, habe ein seltsames Licht den Raum gefüllt, drei Muttermale prangten auf dem Rücken des Babys. Ein herbeigerufener Wahrsager interpretiert sie als Zeichen, dass er einmal herrschen werde, weshalb ihm die Eltern den Vornamen „Quyen" geben: „Macht".

Als Erwachsener ist er der Überlieferung zufolge groß und kräftig, in seinen Augen scheint ein Licht wie ein Blitz, er hat den Gang eines Tigers, er ist klug und tapfer – kurz: Ngo Quyen ist der geborene Anführer.

Nur – der Anführer von wem?

Scheinbar menschenleer sind an diesem Tag die Ufer des Bach Dang, der den Namen einer weiß blühenden Schlingpflanze trägt. So hat ein unbekannter Dichter diesen Fluss getauft, vielleicht, weil er sich windet wie das Gewächs und seine Wellen schaumig weiß leuchten. Zwei *dam*, wohl fast anderthalb Kilometer, ist der Strom auf dem Weg zu seiner Mündung ins Südchinesische Meer

SCHON FRÜH nach der Eroberung durch Chinas Kaiser 111 v. Chr. erheben sich die Vietnamesen: Die Trung-Schwestern (l.) führen 40 n. Chr. einen Aufstand an

breit und bei Niedrigwasser bis zu 16 Meter tief. Das von Sedimenten rote Flusswasser mischt sich hier mit bläulich schimmerndem Meerwasser. „Berge wachsen an seinem Ufer in die Höhe“, schreibt ein vietnamesischer Gelehrter später, „und mit vielen Wasserläufen ist er verbunden. Seine Wellen berühren den Himmel, und Bäume beschatten seine Ufer.“

Der Bach Dang ist das Tor von Vietnam, eine Wasserstraße, die vom Ozean aus über weitere Flussarme bis tief ins Land hinein führt, bis zur Region des heutigen Hanoi und weiter.

Verlassen liegt der Fluss da an diesem Schicksalstag, kein Kahn dümpelt auf den Wellen. Doch irgendwann tauchen Schemen am Horizont auf, nähern sich von Nordosten kommend über das Meer: chinesische Dschunken. Schwimmende Festungen, jedes Schiff ist mehr als 30 Meter lang, der Rumpf neun Meter hoch, trapezförmige Segel blähen sich im Wind – und Hunderte Mann stehen an Bord jeder Dschunke. Kein Chronist überliefert ihre Zahl, es sind wohl Dutzende Schiffe, bemannt mit Tausenden Kämpfern.

Ngo Quyen beobachtet in einem Versteck irgendwo am Flusssaum die Armada, lässt sie näher und immer näher an Vietnams Einfallstor herankommen. Dann erst gibt er den Angriffsbefehl – und an den eben noch menschenleeren Ufern bricht die Hölle los. Der Tag, der 1000 Jahren Fremdherrschaft ein Ende setzt, ist gekommen.

°

VIETNAM IST HEUTE EIN LAND in Form eines großen „S“, ein geschwungener Küstenstreifen südlich von China, eingeklemmt zwischen Bergen und Meer. 1650 Kilometer ist das Land in Nord-Süd-Richtung lang, an seiner schmalsten Stelle jedoch nicht einmal 50 Kilometer breit. Dichter Regenwald bedeckt die Anhöhen; Seen und Ströme durchziehen die Niederungen. 3444 Kilometer ist die von zahllosen Buchten zerfressene Küste lang.

Der Monsun bestimmt den Rhythmus des Jahres, vor allem im Süden: Sechs Monate ist es weitgehend trocken, sechs Monate regnet es fast ununterbrochen, heiß ist es immer. Im Norden dagegen regnet es auch in der von November bis April währenden Trockenzeit etwas mehr, und die Temperaturen sind dann moderater.

Die ersten Vietnamesen – das archaische Volk, das sprachlich und kulturell am Beginn der vietnamesischen Geschichte steht – nennen sich im ersten vorchristlichen

DIE ANGEHÖRIGEN der nordvietnamesischen Dong-Son-Kultur fertigen kunstvolle Bronzegegenstände wie diese Glocke. Selbst die lange chinesische Herrschaft kann die einheimische Identität nicht auslöschen

DAS LAND WIRD TEIL DES KAISER-REICHS – UND AUSGEBEUTET

INDISCH MUTET diese Sandsteinfigur der Gottheit Vishnu aus dem Mekong-Delta an (um 675 n. Chr.). Der heutige Süden kommt erst spät zu Vietnam, zu China gehört er nie

Jahrtausend „Lac", ihr Reich im Norden des heutigen Vietnam soll den Namen „Van Lang" getragen haben. (Der Begriff „Vietnam" wird erst im 19. Jahrhundert gebräuchlich werden.)

Die Menschen hier sind Reisbauern, die in Dörfern leben, im Delta des Roten Flusses und in der Region des späteren Hanoi. Sie verehren Geister und Ahnen, schmücken ihre Haut mit Tätowierungen, die sie vor wilden Tieren und bösen Geistern schützen sollen, kauen Betelnüsse, färben sich die Zähne schwarz und jagen mit Pfeil und Bogen – selbst Elefanten, deren Stoßzähne sie in China gegen Eisen tauschen.

Häuptlinge und Fürsten regieren kleine Gebiete, über ihnen steht der König von Van Lang, der aber wohl kaum tatsächliche Macht ausübt. Eine archaische Kultur am Übergang von der Bronze- zur Eisenzeit, in der die Bauern aber auch noch mit steinernen Hacken wie im Neolithikum den Boden bearbeiten.

Um 250 v. Chr. bezwingt ein lokaler Fürst den König und erringt eine Art Oberherrschaft über ein Gebiet, das fortan als „Au Lac" bezeichnet wird. 50 Jahre später wird es von einem benachbarten Reich im Norden erobert, das bei den Chinesen noch weiter nördlich als „Nan Yue" bekannt ist, was in etwa „Südliches Barbarenland" bedeutet. In vietnamesischer Aussprache klingen die Schriftzeichen etwas anders: „Nam Viet". Und „Yue", das chinesische Wort für unzivilisierte Fremdlinge, wird als „Viet" dereinst zur Selbstbezeichnung der Vietnamesen werden.

Ein starker, gut organisierter Staat ist Nan Yue jedoch nicht – und so fällt es schließlich ziemlich rasch dem mächtigen nördlichen Nachbarn zum Opfer: China.

Kaiser Wu, einer der großen Herrscher der Han-Dynastie, erobert das Land 111 v. Chr. ohne Schwierigkeiten und gliedert damit auch den Norden des heutigen Vietnam als Teil einer Provinz seinem Reich an – einem Reich, das in jener Zeit expandiert und überall neue Gebiete erobert. (Im Süden des modernen Vietnam werden noch jahrhundertelang ganz andere Volksgruppen bestimmend sein, die nie dauerhaft unter dem Einfluss Chinas stehen.)

In den fruchtbaren Ebenen arbeiten Bauern, deren Steuern nun Chinas Kassen füllen. Aus den Bergen holen chinesische Unternehmer fortan Edelmetalle und jagen Elefanten für Elfenbein. Vor den Küsten werden Einheimische zum Perlentauchen gezwungen. Überhaupt die Küste: Vietnam ist für China Umschlagplatz des Fernhandels mit Indien, Persien und Arabien sowie mit den Inseln des heutigen Indonesien.

Rund 1000 Jahre wird Vietnam zu China gehören. Ein Jahrtausend! Ein Jahrtausend, in dem das Land Teil des mächtigsten Reiches Asiens, ja der seinerzeit vielleicht am höchsten entwickelten Zivilisation der Erde ist. Chinesische Gouverneure regieren die vietnamesischen Kommandanturen, chinesische Truppen sind hier stationiert. Chinesisch ist die Sprache der Elite. Zumindest am Gouverneurshof sind chinesische Gewänder, ja sogar chinesische Frisuren vorgeschrieben.

Für die Vietnamesen muss es ein Wunder und ein Schock zugleich sein, ein heute kaum noch vorstellbarer Sprung vom bronzezeitlichen Bauern zum Untertanen eines Weltreichs.

Von China lernen die Einheimischen den Konfuzianismus und die Bürokratie, das Hofzeremoniell und Militärmanöver, planmäßigen Städtebau und kodifizierte

AUF IHREM ELEFANTEN zieht Ba Trieu um 250 n. Chr. angeblich an der Spitze Zehntausender in den Kampf gegen die fremden Herrscher. Auch sie wird geschlagen

Gesetze. Die Herren aus dem Norden schlagen Straßen durch den Wald und legen Häfen an. Sie bringen Waren aus fernen Märkten ins Land. Noch die Bauern in den entlegensten Dörfern spannen beim Reisanbau nun, wie die Chinesen, Wasserbüffel vor Pflüge aus Eisen. Praktisch alles im Leben wird über Jahrhunderte hinweg fundamental verändert, vergrößert, geradezu neu erfunden.

Und doch bewahren die Vietnamesen stets ihre Identität. Bis heute ist es rätselhaft, warum sie nur zum Teil Lebensweise und Kultur der Nachbarn übernehmen. Wie in anderen eroberten Gebieten, so siedeln sich auch hier Chinesen an, bleiben als Beamte, Händler, Landbesitzer. Doch als sich diese Gruppen, etwa durch Heirat, mit der einheimischen Elite vermischen, werden auf lange Sicht nicht die Vietnamesen zu Chinesen, sondern eher umgekehrt. Über all die Jahrhunderte hinweg sprechen die Vietnamesen weiterhin ihre eigene Sprache – und sie hören niemals auf, sich gegen die Fremden aus dem Norden zu wehren.

Fast von Beginn an erschüttern Aufstände die Provinz, Historiker werden später für praktisch jedes jener zehn Jahrhunderte mindestens eine große Rebellion verzeichnen, dazu zahllose lokale Kämpfe.

Im Jahr 40 n. Chr. etwa ist es die Fürstentochter Trung Trac, die die einheimische Nobilität hinter sich versammelt und den chinesischen Besatzern drei Jahre lang schwer zusetzt. Trung Trac ruft sich sogar zur Königin aus. 43 n. Chr. wird sie besiegt. Um nicht in die Hände der Feinde zu fallen, so geht eine Legende, stürzt sie sich mit ihrer treuesten Begleiterin, ihrer Schwester Trung Nhi, in einen Fluss – wo sich beide nach dem Freitod in steinerne Statuen verwandeln. (Vermutlich werden sie in Wahrheit ganz unheroisch von den Siegern gefangen genommen und exekutiert.)

Rund 200 Jahre später ist es wieder eine legendenumwobene Frau, Ba Trieu, die auf einem Kriegselefanten in die Schlacht reitet – und wieder stehen am Ende Niederlage und Tod. Zu übermächtig ist China, zu gut organisiert sind seine Armeen, als dass die Vietnamesen sich jemals dauerhaft befreien könnten.

Jemals? Man lernt eben auch vom mächtigen Nachbarn. Je länger die Vietnamesen Teil des Reichs der Mitte sind, desto besser können sie sich selbst organisieren, desto besser kopieren sie Chinas Herrschaft, Bürokratie, Zivilisation – und nutzen dessen Errungenschaften für ihre eigenen Ziele.

Das ist das Paradoxon, das die Chinesen trotz all ihrer Weisheit niemals auflösen werden: Je länger sie Vietnam beherrschen, desto stärker wird es.

Aus einer bäuerlichen Gesellschaft wird eine technisch fortgeschrittene Zivilisation. Und aus einem Volk, in dem jedes Dorf mehr oder weniger für sich lebt, wird durch den ewigen Kampf gegen den großen Nachbarn nach und nach eine geeinte Nation.

Als China dann nach 1000 Jahren in eine Krise taumelt, eröffnet sich eine ungeahnte Chance.

°

UM 870 N. CHR. IST VIETNAM zu einer wohlhabenden, gut verwalteten Region geworden. Das Land wird von zahlreichen Straßen und Kanälen durchzogen, die Stadt Dai La, das spätere Hanoi, ist Sitz des Gouverneurs. Der Residenzort ist so bedeutsam, dass er im Volk dereinst „Bauch des Drachens" heißen wird, was symbolisch bedeutet: Hier ist das Zentrum der Macht.

In China hingegen kollabiert zu dieser Zeit die Tang-Dynastie. Mehrere Armeen meutern, weil die Soldaten schlecht versorgt sind, Provinzgouverneure und lokale Kriegsherren beherrschen nach und nach mehr oder weniger große Territorien innerhalb des Riesenreiches und kämpfen gegeneinander in wirren Koalitionen. Manche Warlords fungieren offiziell noch als Gouverneure der längst entmachteten Tang, andere rufen sich bereits selbst zu Kaisern aus.

Es ist nicht eine große Revolution, nicht ein rascher Umsturz, sondern ein Verfall, der sich über mehrere Jahrzehnte hinzieht. Der äußerste Süden des Reiches bleibt von den Wirren allerdings weitgehend unberührt. Vermutlich bemerken die meisten Vietnamesen kaum etwas davon – zumindest zunächst nicht.

Doch um 880 rebellieren die chinesischen Truppen vor Ort – und ziehen offenbar in der Folge einfach aus dem Land ab. Manche der unbezahlten Soldaten wollen wohl schlicht nach Hause gehen, andere stürzen sich vielleicht in den Bürgerkrieg im Norden. De facto jedenfalls, und ohne eigenes Zutun, ist Vietnam nun frei.

Ein lokaler Adeliger ergreift vermutlich die Macht – doch so stark ist die Tradition, so stark wohl vor allem der Wunsch nach einer Legitimierung, dass er sich zum neuen Gouverneur im Namen der chinesischen Verwaltung ernennen lässt und zumindest vorgibt, dem fernen Tang-Kaiser weiterhin treu zu sein.

Die Eliten bleiben die alten, aber das Selbstverständnis der Menschen als „Viet" und nicht als Chinesen nimmt noch zu. Einheimische Traditionen werden wichtiger, etwa Wahrsager, Heiler und Zauberer. Und auch der Buddhismus gewinnt an Bedeutung. Die ursprünglich aus Indien stammende Religion hat sich schon vor Jahrhun-

JE LÄNGER DIE CHINESEN VIETNAM BEHERRSCHEN, DESTO STÄRKER WIRD ES

DER CHINESISCHE EINFLUSS ist groß im damaligen Vietnam. Prägend ist zudem der Buddhismus – weiter südlich dagegen der Hinduismus (Shiva-Figur aus Zentralvietnam, um 900)

DRACHENMOTIVE wie dieses aus Terrakotta künden bald von wiedererlangter Souveränität. Denn nachdem die Tang-Dynastie die Kontrolle über China verloren hat, greifen in Vietnam Einheimische nach der Macht (11.–13. Jahrhundert)

derten hier, wie auch beim großen nördlichen Nachbarn, verbreitet. Doch nur bei den Vietnamesen hat sie sich zur bestimmenden Glaubensrichtung entwickelt und wird zu einem Teil der nationalen Identität.

Dennoch: Auch die neuen Männer an der Spitze akzeptieren die Fiktion, dass Vietnam weiter zum Reich der Mitte gehört. Sie schicken etwa Boten zum Kaiserhof mit der Bitte, dass man sie als Gouverneur formell anerkennen möge. Zum Kaiserhof …

Inzwischen ist China endgültig in mehrere verfeindete Kaiserhäuser aufgeteilt. Die Vietnamesen unterhalten noch immer Beziehungen zu jener Dynastie im weit entfernten Norden, die nach dem Ende der Tang deren direkte Nachfolge angetreten hat.

Das Land Vietnam grenzt jetzt jedoch an das Territorium einer konkurrierenden Dynastie, die Historiker später als „Südliche Han" bezeichnen werden. Deren Herrscher Liu Yan kontrolliert Teile Südchinas, residiert in Panyu (später auch Kanton genannt) und hat sich 917 selbst zum Kaiser erklärt.

Liu Yan ist ein ehemaliger Warlord, ein harter, rationaler Mann, der freimütig bekennt, dass für ihn der Kaisertitel keine spirituelle Bedeutung hat. Dieser Kaiser gibt nicht vor, der „Sohn des Himmels" zu sein, er ist weder Garant einer kosmischen Ordnung noch Erbe einer altehrwürdigen Dynastie, sondern schlicht der mächtigste Armeeführer im Südwesten Chinas.

Und er will sein Reich erweitern: 930 schickt Liu Yan eine Armee nach Vietnam, die offenbar ohne großen Widerstand das Gebiet um den Roten Fluss erobert. Doch der vom Kaiser nun eingesetzte Verwalter wird schon im folgenden Jahr von einem einheimischen Militärführer namens Duong Dinh Nghe wieder vertrieben. Liu Yan gewährt dem Neuen sogar die Anerkennung als Gouverneur – aber wohl nur, weil er selbst innerhalb Chinas gegen Rivalen kämpft und deshalb in dem Moment nicht stark genug ist, um Vietnam unter Kontrolle zu zwingen. Tatsächlich plant Liu Yan jedoch eine Rückeroberung des Landes, wenn sich die Gelegenheit dafür bietet.

937 wird Duong Dinh Nghe von einem seiner eigenen Offiziere ermordet, der sich seinerseits zum Oberhaupt erklärt. Als sich jedoch Widerstand gegen ihn formiert, bittet er Liu Yan um Hilfe.

Und da schlägt der Kaiser zu. Er will die Situation nutzen und stellt eine Invasionsarmee unter seinem Sohn Liu Hongcao auf. Der Prinz soll in Vietnam Gouverneur werden, ein „echter" Gouverneur diesmal: ein chinesischer Fürst, der mit einer chinesischen Armee das Land wieder beherrscht und Steuern an den Kaiserhof abführt.

Allerdings währen die Wirren innerhalb der vietnamesischen Führung nicht lang: Noch während Liu Hongcao in Kanton Armee und Flotte sammelt, gewinnt jener schon bei seiner Geburt durch allerlei Wunderzeichen herausragende Ngo Quyen den Machtkampf um die Nachfolge im „Bauch des Drachens“.

Er exekutiert den Mörder von Duong Dinh Nghe und schwört seine Truppen auf den bevorstehenden Kampf gegen die Chinesen ein. Ngo Quyen ist nicht bloß hochrangiger Offizier unter Dinh Nghe gewesen, er hat auch dessen Tochter geheiratet. Als Schwiegersohn gilt er vielen Vietnamesen deshalb als legitimer Nachfolger.

Angeblich, das überliefert eine chinesische Chronik, warnt ein Ratgeber Kaiser Liu Yan noch vor der Abfahrt der Flotte vor dem Feind: Ngo Quyen sei „kämpferisch“ und „verschlagen“, die Armee solle umsichtig vorgehen und unbedingt Aufklärer vorausschicken, um die Lage zu erkunden. Doch der Herrscher hört nicht auf den Höfling und lässt die Dschunken lossegeln.

Vielleicht – aber das ist reine Theorie – ist der Kaiser und erfahrene Feldherr jedoch gar nicht leichtsinnig, sondern im Gegenteil einigermaßen gut über die Gegebenheiten informiert. Denn in der Monsunregion weisen Wind und Meeresströmung nur während der Trockenzeit von Nordost nach Südwest und sind somit günstig für Schiffe, die von China gen Vietnam unterwegs sind. Möglicherweise will Liu Yan, um die besten Windverhältnisse zu nutzen, keine Zeit mehr damit verlieren, zunächst aufwendig das Terrain zu erkunden und erst dann loszuschlagen.

Gut 700 Kilometer Luftlinie trennen Kanton von der Mündung des Bach Dang, der Weg entlang der zerklüfteten Küste ist noch weit länger. Selbst wenn Wind und Wellen günstig sind und selbst wenn der Flottenkommandeur Prinz Liu Hongcao keinen Zwischenhalt einlegt, selbst dann wird er wohl mindestens zwei Wochen lang unterwegs sein – lang genug jedenfalls, dass Vietnamesen ihn von der Küste aus entdecken und Eilboten zu Ngo Quyen und seinen Truppen senden können.

Und so kommt es an jenem Tag gegen Ende des Jahres 938 im Fluss Bach Dang zum Duell des Kaisersohns an Bord der Invasionsflotte mit dem Rebellenführer, der sich am Ufer versteckt. Zum Kampf einer riesigen Armee, die vermutlich aber ohne irgendeine militärische Aufklärung von Feind und Gegend angreift, gegen bestens vorbereitete Verteidiger.

°

NGO QUYEN LÄSST DIE DSCHUNKEN widerstandslos in den Mündungsarm segeln. Er kann sicher sein, dass die Truppen nicht hier im sumpfigen Gebiet des Deltas anlanden werden, sondern auf den Schiffen bis nahe an die Hauptstadt gelangen wollen. So lässt er die feindlichen

VON EINEM SCHIFF aus gibt der vietnamesische Heerführer Ngo Quyen 938 die letzten Befehle in der Entscheidungsschlacht gegen die Flotte eines chinesischen Machthabers – und siegt

Segler mitsamt der Armee weiter den Fluss hinauffahren.

Dann aber gibt er zu einem genau kalkulierten Zeitpunkt den Angriffsbefehl. Plötzlich schießen Dutzende, vielleicht Hunderte kleine Boote aus dem dicht bewaldeten Ufer hervor, jedes wohl nur mit einigen vietnamesischen Kämpfern bemannt. Es sind flache Kähne, womöglich solche, wie sie die Fischer der Region verwenden: Ihre Rümpfe sind aus Bambusstreifen geflochten; einige Meter lang und nur ein paar Handbreit hoch, sind sie wendig und schnell.

Boot gegen Dschunke – aus der Luft wirkt das womöglich so, als würde sich ein Insektenschwarm auf eine Herde Elefanten stürzen. Ein ungleiches Duell. Beide Seiten kämpfen mit Schwert und Schild, mit Spießen, mit Pfeil und Bogen. Möglicherweise verschießen die Vietnamesen, wie zu alten Zeiten, Pfeile mit in Gift getränkten Bronzespitzen. Doch die Chinesen sind in ihren schwimmenden Festungen weit überlegen. Nach kurzem Kampf fliehen Ngo Quyens Soldaten stromaufwärts.

Vielleicht glaubt Liu Hongcao in diesem Moment schon an einen leichten Sieg, hofft wohl, jetzt bereits den entscheidenden Schlag zu führen. Vernichtet er die Vietnamesen an der Pforte ihres Landes, kann er anschließend das ganze Gebiet am Roten Fluss widerstandslos besetzen. Also lässt er den Fliehenden nachsetzen. Die Dschunken segeln den immerhin mehr als einen Kilometer breiten Fluss hinauf. Platz genug für eine Hochseeflotte, so scheint es.

Doch nach einiger Zeit ändert sich der Gezeitenstrom. Ngo Quyen hat nämlich genau zum alle zwölf Stunden auftretenden Scheitelpunkt der Flut angegriffen. Da war das Wasser auf dem Höchststand, und die von See herandrängende Flut hat die zum Meer weisende Strömung des Flusses neutralisiert.

Als die Chinesen aber ein Stück weiter den Bach Dang hinaufgesegelt sind, setzt Ebbe ein.

ZWEI DRACHEN winden sich auf dem steinernen Blatt einer Pappelfeige: ein machtvolles Emblem, das nach der Unabhängigkeit die Kaiser der vietnamesischen Ly-Dynastie nutzen (11.–13. Jahrhundert)

Der Wasserstand des Meeres sinkt jetzt – und verstärkt dabei die sonst etwa drei Kilometer pro Stunde schnelle natürliche Strömung des Flusses. Wie rasch mag sich das Wasser nun Richtung Meer wälzen? Schwer zu schätzen – aber es muss ein machtvoller Strom sein, der die schweren Dschunken zurück Richtung Flussmündung drückt. Und zu einer Stelle, in der plötzlich eine Barriere aus spitzen, eisenverstärkten Pfählen aus den Wellen ragt.

Denn das ist Ngo Quyens genialer Plan, erdacht wohl in den Wochen, während der die Chinesen ihre Flotte zusammenstellten und die Küste entlangfuhren. Ngo Quyen vermutete, dass die Angreifer über den Bach Dang ins Land vordringen wollen. Also ließ er von seinen Soldaten und wahrscheinlich auch mit Hilfe lokaler Fischer zahlreiche spitze Pfähle in den Flussgrund rammen.

Kein Chronist überliefert, wie ihnen das in der Strömung und im viele Meter tiefen Wasser gelungen ist – aber es ist wohl ein Zeichen dafür, wie gewaltig der technische Fortschritt ist, den Vietnam unter chinesischer Herrschaft gemacht hat. Diese Pfähle, es müssen Hunderte sein, verlaufen wie eine Palisade quer durch den ganzen Mündungsarm, wahrscheinlich leicht flussaufwärts geneigt – sind aber exakt so hoch bemessen, dass sie bei Flut vom Wasser überspült werden.

Als die Invasoren, vom kurzen Angriff Ngo Quyens mit seinen kleinen Kähnen angelockt, die Stelle das erste Mal passiert haben, ließ sie der Höchststand des Wassers unbeschädigt über die unsichtbare Barriere hinweggelangen.

Nun jedoch ragen die eisernen Spitzen aus dem zurückgehenden Wasser – und nun, so glauben moderne Militärhistoriker, greift Quyen mit all seinen Schiffen und Booten die chinesischen Dschunken an, die ohnehin kaum gegen Strömung und Ebbe ankommen, und treibt sie auf die Pfähle zu.

Man muss sich wohl die zuerst erstaunten, dann immer hektischeren Kommandos von Kapitänen und Offizieren vorstellen, Befehle,

LITERATURTIPPS

KEITH WELLER TAYLOR
»The Birth of Vietnam«
Grandiose Studie zur Frühzeit des Landes (University of California Press).

WILFRIED LULEI
»Geschichte Vietnams – Von den Hung-Königen bis zur Gegenwart«
Übersichtliche Darstellung (regiospectra Verlag).

Flüche, zuletzt Panik. Eine Dschunke nach der anderen kracht schließlich in die Barriere und bleibt dort hilflos aufgespießt hängen.

Was geschieht nun? Gern wüsste man Einzelheiten. Stürzt sich eine Übermacht kleiner Boote auf jeweils eine unbewegliche Dschunke? Werden die Angreifer also einer nach dem anderen bezwungen? Eine chinesische Chronik, die wichtigste Quelle zur Schlacht, vermerkt jedoch nur lapidar: Der Kaisersohn „wurde vollständig geschlagen und ertrank".

Wie Liu Hongcao, so versinken wohl die meisten seiner Soldaten im rostroten oder bläulichen Wasser und den schaumigen Wellen. Gut möglich, dass die Dschunken auf den Pfählen leckschlagen und untergehen, vielleicht unter dem Druck der Strömung gar zerbrechen, und die Invasoren jämmerlich ertrinken, ohne dass die Vietnamesen noch viel dazutun müssten. Ein Massaker ist es auf jeden Fall – und am Ende des Tages gibt es keine chinesische Armee mehr, die Vietnam angreifen könnte.

°

IM FRÜHJAHR 939 ERKLÄRT SICH der Sieger von Bach Dang zum König von Vietnam. Ngo Quyen hat nicht nur die entscheidende *militärische* Schlacht geschlagen, er ist auch den letzten, entscheidenden *politischen* Schritt gegangen: Vietnam ist ein unabhängiges Reich. Der neue Herrscher verlegt die Hauptstadt einige Kilometer nördlich nach Co Loa, auch das ein hochsymbolischer Akt. Denn Co Loa war einst Hauptstadt von Au Lac, des letzten vietnamesischen Königreichs in vorchinesischer Zeit.

Ngo Quyen bleibt allerdings keine Zeit, das Land gründlich zu verändern, denn er regiert bloß fünf Jahre bis zu seinem (vermutlich natürlichen) Tod. Doch auch seine Nachfolger wahren die Souveränität.

968 erhebt sich Dinh Bo Linh, der nach einer Zeit der Wirren die Macht an sich gerissen hat, zum Kaiser – womit er klarstellt, dass er sich und seine Erben im Rang sogar dem Sohn des Himmels, dem chinesischen Herrscher, für ebenbürtig hält. Sein Reich nennt er „Dai Co Viet", in etwa „Großes Viet-Land". Allerdings ist das eine Doppelung, denn das aus dem Chinesischen übernommene Wort „dai" bedeutet „groß", „co" genau dasselbe in der vietnamesischen Volkssprache. So, als müsste man sogar im Namen den Chinesen signalisieren, dass man nun wahrhaftig unabhängig ist.

Es ist wohl lediglich eine leichte Übertreibung, zu behaupten, dass China diesen Schritt niemals wirklich akzeptiert hat. Spätere Kaiser der Großmacht versuchen mehrmals vergebens, die „abtrünnige Provinz" dauerhaft zurückzuerobern. Und selbst die kommunistischen Herrscher von Beijing fallen sehr viel später über ihren südlichen Nachbarn her – die Invasion der Volksbefreiungsarmee scheitert 1979 aber am Widerstand vietnamesischer Truppen.

Auch andere Mächte probieren vor allem im 19. und 20. Jahrhundert, das Land zu unterwerfen, Frankreich etwa – Vietnam, damals schon in etwa in der heutigen Ausdehnung, wird 1858 von einer Invasionsarmee auf Befehl Napoleons III. angegriffen, nach jahrelangen Kämpfen schließlich besetzt und dem französischen Kolonialreich einverleibt (siehe Seite 122). Doch nach dem Zweiten Weltkrieg schütteln Unabhängigkeitskämpfer unter Ho Chi Minh endgültig die französische Herrschaft ab – die Macht übernehmen sie allerdings nur im Norden des ab 1954 geteilten Landes.

Emblematisch ist schließlich der sich direkt anschließende Konflikt, den die USA zwei Jahrzehnte lang austragen – und der zum ersten Krieg wird, den die Amerikaner je verlieren.

Bis heute ist deshalb der Kampf gegen Invasoren Teil der vietnamesischen Kultur: 1000 Jahre haben die Chinesen hier geherrscht, 100 Jahre die Franzosen, fast 20 Jahre haben die Amerikaner versucht, das Land unter ihre Kontrolle zu bringen – am Ende wurden sie alle wieder vertrieben.

Im westlichen Bewusstsein ist heute wohl nur der Vietnamkrieg der USA präsent. Tatsächlich prägt jedoch vor allem das ewige Ringen mit China die Mentalität. Einerseits übernimmt das Land noch immer viel vom großen Nachbarn, selbst dessen Regime aus kommunistischer Einparteienherrschaft und teils ungezügeltem Kapitalismus hat in Vietnam sein Pendant.

Andererseits werden gerade die Frauen und Männer, die China getrotzt haben, bis heute als Helden verehrt. Die Legende der Schwestern Trung etwa ist auch nach beinahe zwei Jahrtausenden unter den Einheimischen populär. Und Ngo Quyen ist in Vietnam eine moderne Monumentalstatue errichtet worden – das Denkmal eines Königs, ausgerechnet in einem sozialistischen Staat. ◊

IN KÜRZE

Ein Jahrtausend lang beherrscht China das Land der Vietnamesen im Norden des heutigen Staates. Zahlreiche Rebellionen gegen die Besatzungsmacht bleiben letztlich erfolglos. Doch um 900 n. Chr. gerät die regierende Tang-Dynastie ins Wanken, und erneut wagen Vietnamesen den Aufstand. 938 vernichten sie eine chinesische Flotte – und erstreiten so die Eigenständigkeit ihres Landes, des neuen vietnamesischen König- und späteren Kaiserreichs.

PAGAN
STAAT DER TAUSEND TEMPEL

Im Namen Buddhas regiert König Kyanzittha um 1100 das Vielvölkerreich von Pagan im heutigen Myanmar. Der Emporkömmling hat sich den Thron erstritten. Um seinen Anspruch zu legitimieren, fördert er den Buddhismus, dem die meisten seiner Untertanen angehören, mit Stiftungen – vor allem mit Bauten wie dem Ananda-Tempel, dem großartigsten Heiligtum der an Heiligtümern reichen Hauptstadt. Doch der Pakt des Herrschers mit den buddhistischen Mönchen bringt das Reich in Gefahr

WIE DER MYTHISCHE Weltberg Meru erhebt sich der von König Kyanzittha in Auftrag gegebene Ananda-Tempel östlich der Stadtmauer von Pagan, der Kapitale des gleichnamigen Reiches. Das monumentale Heiligtum ist ganz der Lehre Buddhas gewidmet, von dem je eine riesenhafte Statue aus vergoldetem Holz im Tempelinneren in jede der vier Himmelsrichtungen weist (hier der südliche Koloss)

NUR WENIGE FENSTER und Lichtschächte erhellen das Innere des Tempels. Das Dunkel soll an jene Höhlen Nordindiens erinnern, in denen sich die ersten Jünger des Erleuchteten von der Welt zurückzogen. Reliefbilder in Nischen erzählen, wie aus dem Prinzen Siddharta Gautama (rechts) einst der Buddha wurde

DIE TIEFE einer Grotte hat scheinbar auch dieser Gang im Thatbyinnyu-Tempel von Pagan (links). Im Ananda-Tempel, benannt nach einem Cousin Buddhas, der zugleich sein Lieblingsschüler war, hat sich der Erbauer König Kyanzittha selbst verewigen lassen: als Statue mit gefalteten Händen, in stiller Einkehr versunken

TEXT: *Jörg-Uwe Albig*

ES IST EIN GEBIRGE aus Menschenhand. Es türmt sich zu Hügeln, zu ragenden Gipfeln, zerklüfteten Kegeln, zu schroffen Pyramiden aus roten und grün glasierten Ziegeln. Massive ragen auf, Spitzen spindeln aus dem Morgennebel ins Himmelsblau.

Es sind Tausende Tempel und Stupas, monumentale, stuckverzierte Gehäuse für Reliquien des Buddha. Hier formieren sie sich, als wollten sie mit den nur dünn bewachsenen Bergen des Arakan-Yoma-Höhenzugs im Westen konkurrieren.

Da ist der Shwezigon-Stupa, der sich wie eine Spirale in die Höhe windet. Da ist der Nagayon-Tempel mit seiner Zwiebelkuppel. Und da ist der prächtigste von allen, der kreuzförmige Ananda-Tempel östlich der Stadtmauer, mit seinen sieben Terrassen, seinen Türmchen und der schwindelnden Spitze. Über 50 Meter ragt er in die Höhe – eine Feier der Symmetrie, ein Wunder an Leichtigkeit, Schlankheit und Grazie.

Hier stehen sie alle, am Fluss Irrawaddy, auf dürrer, roter, tropischer Erde. Sie überragen die Stadt Pagan, Hauptstadt des gleichnamigen Reichs, in dem Land, das einmal Myanmar heißen wird. Rund 4000 dieser heiligen Riesen sind es insgesamt, binnen dreieinhalb Jahrhunderten emporgewachsen – auf einem gewaltigen Gebiet von rund 40 Quadratkilometern.

DIE TEMPEL PAGANS LOCKEN PILGER AN

Das Reich aber, ausgedehnter als nahezu alle anderen des südostasiatischen Festlands, erstreckt sich in seiner Nord-Süd-Ausrichtung über 1500 Kilometer zwischen Indien, China und der Malaiischen Halbinsel. Ein Land aus teils über 3000 Meter hohen Gebirgen, engen Flusstälern, trockenen Ebenen und feuchtheißen Küstenstreifen, die der Monsun regelmäßig mit schweren Regengüssen überschwemmt. Ein Vielvölkerstaat, dem Zivilisationen wie Birmanen, Pyu, Mon, Chinesen, Khmer und viele andere ihre eigenen Kulturen, Sprachen und Sitten einhauchen.

Und jetzt, um das Jahr 1100 n. Chr., ist das Reich längst auch ein Weltzentrum des Buddhismus. Vor allem die Kapitale lockt mit den heiligsten Schreinen, den kostbarsten Reliquien, den prächtigsten religiösen Feiern. Hier wirken die besten Musiker und Tänzer, die begabtesten Literaten und Künstler, die ehrwürdigsten Mönche. Und zahllose Gläubige pilgern jedes Jahr zu den Tempeln und

Stupas von Pagan – mehr noch als nach Sri Lanka, das über Jahrhunderte als Hochburg der Religion galt.

Nicht zuletzt sind diese Bauwerke Lehrmittel, monumentale Bilderbücher, Volkshochschulen buddhistischer Weltweisheit. Hier soll das Volk, angeleitet von Mönchen und spirituellen Lehrern, seine Religion studieren. Und nirgends gibt es so viel zu lernen wie im Ananda-Tempel, dem siebenstufigen Prachtstück des Tempel-Ensembles, wohl benannt nach Buddhas Cousin und Lieblingsschüler: An keinem Ort der buddhistischen Welt steht das Leben des Erleuchteten in solcher Vollständigkeit zur Schau.

In den Hallen des Tempels, an seinen Wänden und Außenmauern versammeln sich rund 3000 Skulpturen und Reliefs zu einer Großkundgebung des Heiligen. Schon bei der vorgeschriebenen rituellen Umrundung des Baus leuchten den Pilgern 1459 glasierte Terrakotta-Tafeln entgegen, fügen sich zur lehrreichen, dramatischen Fibel.

Sie erzählen von den zahlreichen Wiedergeburten des späteren Buddha, behandeln ausführlich die zehn Leben vor seiner letzten Inkarnation als Prinz Siddharta Gautama. Und sie beschreiben seinen Triumph über den Dämon Mara, den Todesboten und Versucher, Herrscher über die Welt der sinnlichen Begierden und des Verharrens in der Vergänglichkeit, der die Erleuchtung des Gautama in letzter Minute verhindern will.

GELEHRIG SCHREITEN DIE FROMMEN an diesen Dramen entlang. Eine schriftliche Legende an jeder Tafel erläutert Name und Wesen aller Protagonisten, inklusive der Reittiere. Wie in einem Film verfolgen die Pilger Bild für Bild, was die frommen Schriften beschreiben: Mara sammelt sein Heer, zwölf Meilen zur Rechten und zwölf Meilen zur Linken, um den meditierenden Prinzen unter seinem Bodhi-Baum abzulenken. Er reitet auf seinem 150 Meilen hohen Elefanten, 1000 Arme mit 1000 Waffen ragen aus seinem Leib, aber der spätere Buddha dreht sich nicht einmal nach ihm um.

Durch vier Tore dringen die pilgernden Gläubigen schließlich ins Innere des Ananda-Tempels vor. Aus dem gleißenden Sonnenlicht treten sie in ein kühles, raffiniert von Lichtscharten illuminiertes Schattenreich. Wie alle Tempel Pagans ist auch dieser eine Inszenierung der Tiefe, der Dunkelheit und Abgeschiedenheit – den Felsgrotten Nordindiens nachgebildet, in denen die frühen Jünger Buddhas zur mystischen Einkehr fanden.

Sogleich stehen die Pilger in einem der vier Säle, die jeweils die gleichen 16 Szenen aus dem Leben des Meisters zeigen. Ehrfürchtig hören sie dann wohl einem der vier Lehrer zu, die simultan in allen vier Sälen die Kunstwerke erläutern. Langsam gewöhnen sie sich an das Halbdunkel, durchwandern zweimal, dem Ritus gemäß, den äußeren Wandelgang. Sie schreiten an weiteren 80 Steinreliefs entlang, verfolgen, sanft erhellt vom dosierten Schimmer aus sorgfältig gesetzten Fenstern, Schritt für Schritt den Weg des Religionsstifters zur Erleuchtung.

Dann dringen sie in die Düsternis des inneren Wandelgangs vor, in dem nur noch schwache Strahlen aus versteckten Dachfenstern und Schächten dramatisch

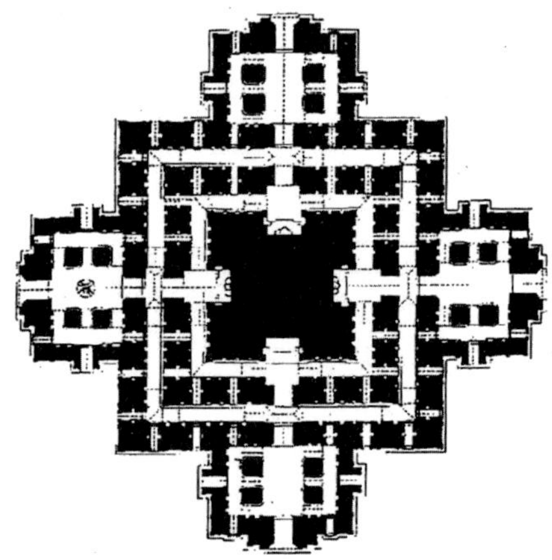

IN PERFEKTER SYMMETRIE ragt der Ananda-Tempel über sieben Stufen in die Höhe. Errichtet ist er auf einem kreuzförmigen Grundriss. Vier Eingänge führen in das Tempelinnere. In den Hallen direkt dahinter berichten Mönche den Pilgern von Leben und Werk des hier verehrten Religionsstifters – bevor sie die Gläubigen in die Stille der beiden Wandelgänge im Zentrum entlassen

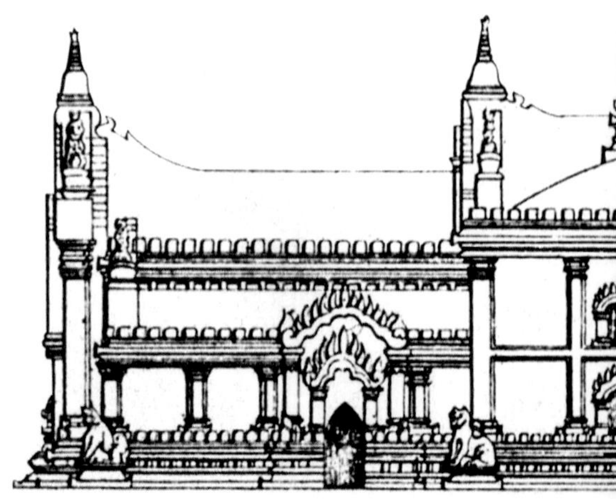

FROMM IST DER KÖNIG – UND GERISSEN

die Juwelen des Baus beglänzen: vier neun Meter hohe vergoldete Buddhastatuen aus Holz, die in Nischen stehen.

Zur Linken eines dieser Kolosse aber wartet das kleine Standbild eines Mannes mit gefalteten Händen, angetan mit Krone, Brustschild und Fußringen, einem Gewand mit hartem Faltenwurf und einer eng sitzenden Jacke. Es stellt keinen Gefährten Buddhas dar – doch dafür einen, der wie kein anderer dessen Lehre in diesem Reich verkörpert.

Es ist der Mann, der in Buddhas Namen Pagan regiert und der auch diesen Tempel errichten ließ: König Kyanzittha.

Ein kühner, ja anmaßender Fall von Personenkult, wie manche Forscher meinen? Gut möglich, immerhin ist aus dem ganzen Reich kein anderes Herrscherbild erhalten. Doch wer sonst hätte sich um Pagan so verdient gemacht wie König Kyanzittha? Alte Inschriften rühmen ihn als erfüllte Prophezeiung des Buddha selbst, als „Sonne der drei Welten", als „König der Könige". Als „universellen Monarchen", der „alle lebenden Geschöpfe aus dem Elend erlösen" werde.

„Er wird ihre Tränen abwischen, ihren Rotz wegwaschen", heißt es. „Mit seiner Rechten wird er seinem ganzen Volk Reis und Brot geben, mit seiner Linken Schmuck und Kleidung. Wie Kinder im Mutterschoß wird er sie bewachen und ihnen helfen." Und: „Seine Majestät wird jeden bereichern."

Dabei ist Kyanzittha ein Ausreißer aus der königlichen Linie, womöglich ein Usurpator, der der herrschenden Dynastie den Thron entwunden hat. Ein Haudegen mit militärischem Talent, aber von dubiosem Ruf und unklarer Herkunft. Ein Draufgänger mit unbändigem sexuellen Appetit und dem Hang, sich immer wieder in Schwierigkeiten zu bringen.

An frommen Taten tut es ihm dennoch keiner gleich. Allerdings ist ihm die Investition in die Religion nicht nur Herzenssache, sondern politisches Instrument: Die Allianz mit dem Glauben verleiht seiner Monarchie Autorität und Legitimität, verschweißt die Regionen und Völker des Reichs zur machtvollen Einheit.

Sie hat auch Pagans Aufstieg begünstigt, garantiert jetzt dessen Erfolg – und

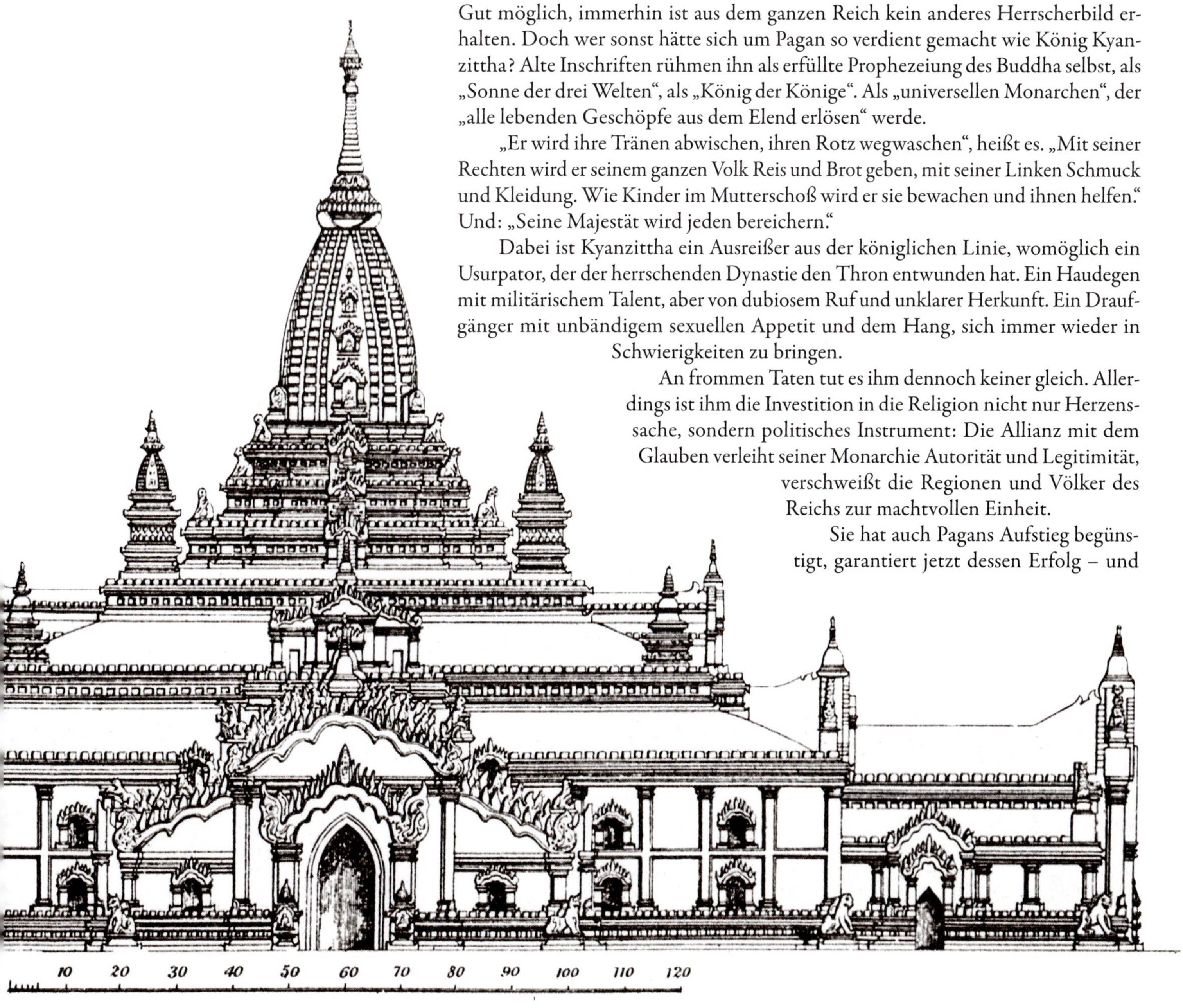

RUND 4000 TEMPEL und sogenannte Stupas, Reliquienschreine, erheben sich am Ufer des Irrawaddy-Flusses in Pagan. Sie künden von der tiefen Hoffnung ihrer Erbauer auf Erleuchtung: Denn durch nichts kann ein Mensch so viel *punna* – den Wert guter Taten, der den Status bei der Wiedergeburt bestimmt – erlangen wie durch Stiftungen an die Mönche Buddhas

WIE EIN BILDERBUCH erzählen allein mehr als 1400 Relieftafeln wie diese auf der Außenseite des Ananda-Tempels den Gläubigen von den 550 Wiedergeburten des späteren Religionsstifters. Kurze Inschriften geben die Namen und Begebenheiten an. Nirgends in der buddhistischen Welt wird das Leben des Erleuchteten so ausführlich gezeigt wie hier

wird doch eines Tages dessen Untergang einleiten: Ausgerechnet durch die Symbiose mit der Geistlichkeit züchtet sich der Staat der tausend Tempel seinen gefährlichsten Gegner heran.

ERST 300 JAHRE ZUVOR, UM 800 N. CHR., tritt das Volk, das den Staat Pagan begründet, auf die Bühne dieses Dramas: Es sind die Birmanen, eine nomadische Ethnie unklarer Herkunft, die wohl von Nordosten her in die zentrale Ebene des Landes vorstoßen. Dort leben bereits die Pyu, Stadtbewohner seit vielen Jahrhunderten: Mit Staudämmen und ausgeklügelten Bewässerungssystemen haben sie die trockene Gegend für den großflächigen Reisanbau nutzbar gemacht. Die Birmanen unterwerfen die Urbevölkerung, vermischen sich wohl auch mancherorts mit ihr, gründen auf dem fremden Boden eine eigene Monarchie, machen den schon existierenden Ort Pagan zu deren Hauptstadt. Und erobern von dort aus weitere Gebiete.

Vor allem der machthungrige Heerführerkönig Anawrahta, durch Brudermord auf den Thron gelangt, rüstet rigoros die Armee auf und unterwirft mit ihr 1067 auch noch Thaton am Indischen Ozean, Hauptstadt der Mon, eines Volks mit guten Kontakten zum indischen Subkontinent und dessen fortgeschrittener Zivilisation. Angeblich überwältigt Anawrahta die Mon, um deren unverfälschte Ausgabe buddhistischer Schriften in seinen Besitz zu bringen. Vor allem aber lässt er wohl deren gesamten Hofstaat nach Pagan verschleppen – einschließlich Künstler und Handwerker.

So machen sich die eben noch nomadischen Eroberer nicht nur die sesshaften Pyu und Mon untertan, sie lernen von ihnen auch urbanes Leben, Architektur, Ackerbau und die hoch entwickelte Wasserbau-Technik der Pyu-Ingenieure, die auf den Reisfeldern zwei bis drei Ernten im Jahr gedeihen lässt.

Und sie übernehmen von ihnen die Lehre Buddhas – jene Erleuchtungsreligion, um 500 v. Chr. begründet von dem indischen Prinz Siddharta Gautama, die der Legende nach schon im 3. Jahrhundert v. Chr. ins Land gelangt ist. Das war die Zeit, da der sagenhafte Herrscher Ashoka das erste Großreich Indiens gründete – ein Brudermörder, Menschenschlächter und jähzorniger Tyrann, der jedoch im zehnten Jahr seiner Regierung der Gewalt abschwor, sich der Lehre Buddhas zuwandte und sie über die Grenzen seines Landes verbreiten ließ. Vielleicht auch bis ins spätere Pagan: Immerhin trieb sein Reich schon damals regen Handel mit den Hafenstädten der Mon.

König Kyanzittha hat sich Ashoka zum Vorbild erwählt – dessen Strahlkraft, dessen Frömmigkeit, dessen Förderung der Lehre Buddhas. Die verruchten Anfänge des Idols können den Eifer dieser Nachfolge nicht trüben: Auch Kyanzitthas Weg zum Thron ist ja von Skandalen umwittert. Angeblich, so behaupten spätere Chroniken, sei er der illegitime Sohn einer bengalischen Prinzessin, die dem Kriegerkönig Anawrahta als Hauptfrau versprochen, doch von einem der königlichen Gesandten während ihres Geleitzugs zum Hof verführt worden sei. Der alte Monarch habe sie in ein fernes Dorf verbannt, wo sie Kyanzittha zur Welt gebracht habe.

Trotz seiner anrüchigen Herkunft dient der junge Mann wohl dem König in vielen Feldzügen als Heerführer. Im Jahr 1084 ruft ihn Anawrahtas Sohn und

Nachfolger Saw Lu bei einer Rebellion der Mon unter Führung des einäugigen Provinzgouverneurs Yamankan zu Hilfe. Die Aufständischen marschieren auf die Hauptstadt, schlagen das Heer Pagans und nehmen Saw Lu gefangen. Kyanzittha, so die Chroniken, dringt in das Lager der Mon ein, versucht, den König auf seinen Schultern in Sicherheit zu bringen – doch der zweifelt auf einmal an den guten Absichten seines Retters und schreit, er werde entführt. Wutentbrannt schleudert der Held den Undankbaren zu Boden, ruft „Dann stirb, du Narr, unter den Händen der Mon" und springt in den Irrawaddy, um wenigstens selbst zu entkommen.

DER GLAUBE AN BUDDHA EINT DAS REICH

Bald darauf töten die Rebellen König Saw Lu. Kyanzittha zieht von Neuem Soldaten zusammen und besiegt Yamankans Armee. Und weil der König tot ist, übernimmt der siegreiche Feldherr kurzerhand selbst die Herrschaft – wenn auch wohl schon im vorgerückten Alter.

Keiner ist besser geeignet als der neue Monarch Kyanzittha, dem Vielvölkerland Pagan eine gemeinsame Identität zu verleihen. Er betont gerne die Pyu-Anteile in seiner Abstammung, fördert gleichzeitig Sprache und Architektur der Mon. Und er macht Pagan zu einem wahrhaft multikulturellen Staat: Aus Indien holt er Zeremonienmeister, Astrologen, Künstler, Kunsthandwerker sowie acht seiner Minister. Hier begegnen sich Bengalen aus dem Norden des Subkontinents und Tamilen sowie Singhalesen aus dem Süden, chinesische Diplomaten und Händler aus Kambodscha.

Dabei ballt sich das administrative Zentrum der Hauptstadt auf ziemlich knappem Raum: ein Rechteck, nicht einmal eineinhalb Kilometer im Quadrat, kaum groß genug für die königliche Familie, Minister und Leibwache, ein paar Mönche und Adelige mit ihren Bediensteten.

Doch zugleich ist die Kapitale ein Abbild des buddhistischen Universums. Der Königspalast mit dem wie beim Ananda-Tempel siebenstufig gestaffelten Dach stellt den Weltberg Meru dar; und die zwölf Tore, drei in jeder Himmelsrichtung, symbolisieren den Tierkreis. Wie das Weltmeer umgeben Gräben die Stadt. Und die Ziegelmauer, die jenseits des Wassers aufragt, ist Sinnbild des Rundgebirges, an dem nach geltender Kosmologie die Menschenwelt endet.

Die einfachen Leute leben in den locker besiedelten, mit Gärten, Feldern und Bewässerungsgräben durchsetzten Vororten, in schnell hochgezogenen Pfahlbauten aus Teak oder Bambus unter schrägen, mit Palmblättern gedeckten Dächern. Unter den Fußböden ist zwischen den Pfählen oft noch Platz für das Vieh.

Zwar ist die Ebene um die Hauptstadt der trockenste Teil des Landes, durch hohe Bergketten von den Monsunregen abgeschirmt. Doch der Fluss Irrawaddy, der wichtigste Verkehrsweg des Landes, verbindet die Kapitale mit den Plantagen und Teak-Wäldern des Hinterlands. Er öffnet auch Handelswege zum nördlichen Nachbarn China und den Hafenstädten im Süden, wo die Schiffe nach Indien, Sri Lanka und der Malaiischen Halbinsel ablegen. Zudem führen an der Stadt wichtige Überlandstraßen nach Assam und Bengalen vorbei.

Der Reichtum Pagans ist der Reis. Fast 170 000 Tonnen erzeugt das Land im Schnitt allein mit der ersten Ernte des Jahres, könnte allein damit wohl schon mehr als das Doppelte seiner geschätzt 400 000 Einwohner ernähren. Ein Überschuss, der dem Staat reiche Einnahmen beschert – und den König Kyanzittha wie seine

SCHLANGENKÖNIG MUCALINDA beschützt den in Meditation versunkenen Buddha vor Regen, Insekten und anderem Unbill. In dem Wandbild im Sulamani-Tempel von Pagan verschmelzen alter Volksglaube und buddhistische Lehre

KEIN STUPA GLEICHT dem anderen. Je teurer seine Erschaffung ist, desto günstiger für das Karma der Stiftenden. Doch die Ressourcen, die in die sakralen Bauten fließen, fehlen bald dem Staat

Vorgänger vor allem in ein megalomanes Projekt investiert: die flächendeckende Errichtung von Monumenten für die Religion, von Tempeln, Stupas und Klöstern.

Denn jeder Bau ist eine gute Tat. Und vor allem die orthodoxe buddhistische Schule namens Theravada, die Kyanzittha fördert, betont das Prinzip des *punna* – jener spirituellen Verdienste, die die Art der Wiedergeburt bestimmen, die jedem Menschen nach dem Tod beschieden ist. Gemäß dem Karma, dem Gesetz von der Wirkung menschlicher Taten, hat jedes Handeln Einfluss auf die Reinkarnation. Und wer genügend Punna erwirbt, indem er Gutes tut, häuft Grundkapital für einen besseren Startplatz im nächsten Leben an. So definiert Punna den Status eines Menschen für die Gläubigen eindrucksvoller als Luxus oder Reichtum.

Doch durch nichts erlangt der Mensch so viel Punna wie mit einer Schenkung an den *sangha*, die buddhistische Gemeinschaft der Mönche und Nonnen. Die Macht des Buddhismus ballt sich ja vor allem in den Klöstern, deren Zahl in Pagan bis zum Ende des 11. Jahrhunderts auf über 2000 gewachsen ist. Manche von ihnen fassen 100 Bewohner; die meisten bestehen jedoch aus einem einzigen Mönch, der in seiner Zelle zwei oder drei Schüler um sich schart.

Jeder kann sein Scherflein beitragen. Kann etwa einem Kloster Grund und Boden stiften, Essen oder Öllampen, Roben, Elefanten oder „Wunschbäumchen", an denen Geschenke hängen. Oder ihm seine Leibeigenen überschreiben, die *kywan*, die Pagans Wirtschaft in Gang halten: 60 unfreie Arbeitskräfte entsprechen ungefähr dem Wert eines Elefanten. Viele leisten ihre guten Taten mit Vorliebe auf dem Sterbebett, wenn die Wiedergeburt kurz bevorsteht. Und wer kein Geld für Gaben an die Gemeinde hat, kann ihr immer noch seine Söhne und Töchter schenken – oder sich selbst.

DER KÖNIGSWEG ZUR BESSEREN WIEDERGEBURT aber bleibt die Stiftung sakraler Bauten. Je mehr Geld in einen Tempel oder einen Stupa fließt, desto höher der spirituelle Zins für den Erbauer – und desto größer der Segen dieser guten Tat für die Menschheit. Und niemand ist in der Lage, so viel zu bauen wie der König: Denn der „Herr über alles Land und Wasser", so einer seiner Titel, ist im Prinzip auch Eigentümer allen Viehs, sämtlicher Waren und Bodenfrüchte – ein symbolisches Anrecht, das sich in üppigen Steuerzahlungen manifestiert. Und so bedeutsam sind seine heiligen Investitionen für den Staat, dass der wichtigste Hofbeamte der *mahasamanta* ist, der die Bauten des Herrschers im „Buch der Verdienste" protokolliert.

Der Buddha selbst, so will es die Überlieferung, hat ja Pagan einst in einer Prophezeiung zum „Buddhafeld" erkoren: Das ist einer jener seltenen Orte, an denen der Gläubige von seinem Verdienst-Guthaben auch an andere Menschen überweisen kann – in besonderen Ritualen, bei denen er das ersparte Punna etwa einem verstorbenen Verwandten zukommen lässt.

Vor allem der Herrscher, der auch dem Seelenheil seiner Untertanen verpflichtet ist, darf sein spirituelles Vermögen nicht für sich behalten, sondern muss es mit allen teilen, um auch deren Wiedergeburten zu optimieren. Doch dank dieser Freigebigkeit winkt ihm eines Tages sogar die Wiedergeburt als Buddha – praktischerweise, so verheißen es die Schriften, im „Buddhafeld" Pagan.

IMMER REICHER werden die buddhistischen Mönche und Nonnen in Pagan durch die Stiftungen. Schließlich gehören ihrer Gemeinschaft wohl bis zu 63 Prozent der gesamten Nutzfläche des Staates, alle Einkünfte daraus inbegriffen. Das Streben der Herrschenden nach einer besseren Wiedergeburt schwächt das Reich wirtschaftlich – und besiegelt so auch dessen Untergang (Foto um 1900)

So erzeugen Kyanzitthas Sakralbauten eine Ökonomie, die dem Prinzip der Anhäufung von Punna gehorcht – ein „spirituelles Bankwesen", wie Forscher es nennen. Es mehrt das Heil des Stifters und der Allgemeinheit – und treibt zugleich die Wirtschaft an, sorgt für die Verteilung der Güter, verschafft politische Macht. Es bringt das Reich zum Strahlen und schafft Arbeit für viele, lässt die Löhne steigen, gibt Maurern, Drehern, Gold- und Silberschmieden, Stuckateuren, Malern und Bildhauern ein gutes Auskommen.

Heere von Arbeitskräften sind allein nötig, um die Bauvorhaben mit Material zu versorgen: In den Teak-Wäldern des weiteren Umlands schlagen Holzfäller unablässig Stämme. Fachleute fangen, zähmen und trainieren die Hundertschaften von Elefanten, die das Holz aus dem Wald in die Werkstätten schleppen. Andere brennen in ihren Öfen die Ziegel, wieder andere mischen aus Sand und Kalk, angeblich angereichert mit Milch und Honig, den Mörtel für den Bau und für den Stuck, der die Fassaden schmückt.

In Steinbrüchen hauen Arbeiter den Marmor und Dolomit für die zahllosen Buddhastatuen, die Tempel und Klöster zieren oder im Kleinformat die Verkaufsstände für Pilger bestücken. Schiffer fahren Rohstoffe und Fertigprodukte die Flüsse hinab in die Hauptstadt. Und schließlich fügen die Bauleute das Material an den Standorten zu Ehrfurcht gebietenden Monumenten – in Rekordzeit: Die Errichtung eines mittelgroßen Kultbaus dauert gerade sieben Monate.

Nicht nur Pagans Arbeitsmarkt zieht Massen von Zuwanderern an, sondern auch die religiöse Kultur des Landes. Und so kommt es, dass auch die Bevölkerung des Reichs unaufhaltsam wächst – und in dieser ansonsten eher dünn besiedelten Weltregion, wo kein Rohstoff so kostbar ist wie menschliche Arbeitskraft, der Staat auch immer mehr wirtschaftliche, militärische und politische Macht ansammelt.

König Kyanzittha ist ein eifriger Patron des Theravada. Doch je nach Bedarf greift er auch auf andere buddhistische Schulen zurück – und sogar auf die *nat*, die Geister der Volksmythologie, sowie auf den Hinduismus, der wie der Buddhismus aus Indien stammt. Er selbst präsentiert sich als Wiedergänger des Hindu-Gottes Vishnu, und mit offiziellen Feiern betraut er am liebsten Hindu-Priester aus der Kaste der Brahmanen. Denn sie verleihen dem Zeremoniell jenen Mehrwert an Pomp, der im eher kargen Buddhismus nicht vorgesehen ist.

Sie sind es, die vor der Errichtung des Palastes den Bauplatz läutern. Sie berechnen die Gunst der Sterne, sprechen Gebete an Vishnu und opfern ihren zahllosen Göttern. Sie füllen die Löcher für die Pfeiler mit gekochtem Reis, Milch und Juwelen, bedecken den Boden mit Blattgold, Silberschnüren und von jungfräulichen Brahmanentöchtern gesponnenen Fäden: Die sollen die Naga besänftigen, mythische Schlangenwesen, die nach dem Volksglauben Herren des Grundstücks sind.

Selbst die ehrwürdigen Stupas, mächtige Symbole für die Lehre Buddhas, gehorchen keineswegs dem buddhistischen Reinheitsgebot: Die *tabena*, das Allerheiligste, das die Reliquien enthält, ist mitunter flankiert von hinduistischen Götterfiguren – oder sogar von Schreinen für die Nat-Geister, die, so heißt es, ja auch einen Ort brauchen, um den Buddha zu verehren.

So propagiert der Gottkönig einerseits die Lehre der Klassiker – doch zugleich bedient er sich dafür jeder Art Glauben, die er in seinem Reich vorfindet. Er nutzt die vielfältigen religiösen Traditionen seiner Untertanen, um sie vereint vor seinen Karren zu spannen. Hat nicht einst sogar Buddha selbst auf den Beistand von Hindu-

Göttern zurückgegriffen, als er seine verstorbene Mutter im Himmel besuchte? „Die Menschen werden nicht für die neue Lehre kommen", soll schon König Anawrahta gesagt haben. „Lasst sie für ihre alten Götter kommen, und allmählich werden sie überzeugt werden."

Unter Kyanzittha aber blüht die „neue Lehre", der Buddhismus, auf wie nie zuvor. Sie überzieht das Land mit Stein: Tempel um Tempel, Stupa um Stupa. Das „spirituelle Bankwesen" des Punna lässt immer mehr Geld, Naturalien und Arbeitskraft aus dem ganzen Land an den Sangha, die buddhistische Gemeinschaft, fließen, steigert deren Reichtum – auf Kosten der Staatskasse. Ein Aderlass, den Kyanzittha in Kauf nehmen muss: Die gesamte Legitimität seiner Herrschaft hängt mittlerweile von diesen Wohltaten ab.

Im Jahr 1112 wird der König todkrank. Spätere Chroniken erzählen, wie sein Sohn Rajakumar an sein Bett tritt und dem Sterbenden eine goldene Buddhafigur zeigt: Diesem Buddha habe er, des Punna des Vaters zuliebe, drei Dörfer übereignet. „Gut gemacht", haucht der Sterbende noch. „Gut gemacht."

Auch nach dem Tod Kyanzitthas strömt weiter ungeheures Kapital an den Sangha. In weiten Landesteilen wird er zum Monopolisten, der Arbeitsplätze an Maurer und Zimmerleute verteilt, an Maler und Schmiede, Holzschnitzer, Bildhauer und Goldschmiede, Schreiber und Buchhalter, Köche und Bauern. Und weil er seine Dienstleister oft in Naturalien bezahlt, dienen die Tempel gleichzeitig als Umschlagplätze für Reis, Vieh und andere Güter, die der Sangha von der Krone erhält.

Schätzungen zufolge stehen eines Tages 63 Prozent der gesamten Nutzfläche Pagans unter der Kontrolle des Sangha. Und immer mehr Geistliche finden, allen Armutsgelübden zum Trotz, Gefallen an weltlichem Prunk – und feiern opulente Feste mit übermäßigem Fleischgenuss oder gar dem verbotenen Alkoholkonsum.

ALLMÄHLICH VERSIEGT SO DER ÜBERFLUSS, der den Herrschern von Pagan ihre guten Taten erlaubt. Weil immer mehr Land an den Sangha geht und dann keine Abgaben mehr abwirft, weil zugleich immer mehr Menschen steuerfrei für die buddhistische Gemeinschaft arbeiten, bleibt dem Staat immer weniger Geld für weltliche Aufgaben. Und die schwindenden Ressourcen lassen auch die Zahl der jährlichen Sakralbauten schrumpfen. Der heilige Bauboom bricht ein – für viele Paganer ein spirituelles und moralisches Versagen der Monarchie.

Und so verliert die Symbiose aus Königtum und Religion ihre einende Kraft. Die Herrschaft des „Königs der Könige", beglaubigt durch seine Wohltaten an den Sangha, erscheint nicht mehr selbstverständlich und unanfechtbar. Immer wieder entbrennen blutige Kämpfe um die Thronfolge. Die Volksgruppen des Landes beginnen, sich von der Zentralgewalt zu lösen. Und als 1287 mongolische Truppen die Hauptstadt angreifen und sie kampflos erobern, verlassen auch viele Bewohner Pagan. Die Stadt versinkt in der Bedeutungslosigkeit.

Noch 700 Jahre nach dem Ende Pagans aber werden die steingewordenen guten Taten der Menschen von Pagan von der Lehre des Buddha zeugen. Und vielleicht stehen sie auch noch im Jahr 4517, genau 5000 Jahre nach Buddhas Tod anno 483 v. Chr.: Dann ist es nach alter Überlieferung Zeit für das Erscheinen eines neuen Buddha – und zwar im „Buddhafeld" Pagan. ◊

LITERATURTIPPS

TILMAN FRASCH
»Pagan. Stadt und Staat«
Detaillierter Überblick auf Grundlage alter Inschriften (Steiner).

PAUL STRACHAN
»Imperial Pagan. Art and Architecture of Burma«
Reich bebilderte Beschreibung der Bauten und Kunstwerke (University of Hawaii Press).

IN KÜRZE

1084 erstreitet sich Kyanzittha den Thron von Pagan im heutigen Myanmar. Der Usurpator wird einer der bedeutendsten Herrscher des buddhistischen Reichs. Als Bauherr stiftet er Tempel um Tempel. Seine Nachfolger tun es ihm gleich. Doch da der Gemeinde Buddhas so immer mehr staatliche Mittel und Reserven zufließen, befördern die Könige damit auch den eigenen Abstieg.

DER TÄNZER AUF DEM THRON

König Hayam Wuruk führt das hinduistische Reich von Majapahit um 1360 zu größter Blüte: mit Krieg – und mit der Kunst

TEXT: *Marie Oellig*

Von nah und von fern sind sie angereist. Die Fürsten und Würdenträger von Java, Bali und den anderen umliegenden Inseln haben sich um 1360 zum jährlichen Hoffest im Königspalast versammelt. An unzähligen Prozessionen und Audienzen haben sie in den vergangenen Wochen teilgenommen. Zum Abschluss lädt der Monarch nun zum großen Bankett.

Reis- und Kokoswein fließen, Tanz und Gesang unterhalten die Gäste. Doch plötzlich: Stille. Alle Blicke richten sich auf einen Tänzer, der seine Bewegungen mit atemraubender Anmut setzt. Er scherzt und singt, während Arme und Hände ausdrucksstarke Gesten formen. Hingerissen verfolgt das Publikum die Darbietung des Künstlers. So jedenfalls schildert es später ein glühender Bewunderer. Und Bewunderer hat dieser Mann viele.

Denn der grazile Tänzer ist – der König selbst: Hayam Wuruk, Gebieter über das Reich von Majapahit, den mächtigsten Staat in der südostasiatischen Inselwelt. Der Königspalast in Ostjava nahe der Mündung des Brantasflusses ist das Kraftzentrum einer einzigartigen Kultur, die die ganze Region prägt, mit ihren Zeremonien, mit Theater, Musik, Tanz.

Das Imperium von Majapahit ist erstaunlich jung. Unter den vielen Reichen, die seit Jahrhunderten um die Vorherrschaft in der Region ringen, gewinnt um 1300 eine neue Dynastie die Oberhand – und errichtet auf Java einen hinduistischen Staat.

Der Herrscher, der ihn auf den Höhepunkt führen wird, kommt 1334 zur Welt. Chronisten schreiben dem Prinzen Hayam Wuruk von Beginn an ein Bündnis mit den Naturgewalten zu: Am Tag seiner Geburt, so heißt es, bersten Vulkane, fällt Ascheregen nieder, wankt die Erde.

Im Alter von 16 Jahren tritt er die Alleinherrschaft an. Und rüstet auf. Schon 1343 hat das Reich die Nachbarinsel Bali erobert; nun unterwirft der junge Monarch bis etwa 1364 weite Teile des südostasiatischen Archipels. Seine Flotte dringt im Osten bis nach Neuguinea vor, erreicht im Norden Borneo, Sumatra und die Malaiische Halbinsel. In dem vergrößerten Reich erblüht der Handel. Steuern, Tribute und üppige Reisernten füllen die Kassen des Hofes – der in immer größerem Prunk erstrahlt.

Mit großem Gefolge durchquert Hayam Wuruk wieder und wieder sein Hoheitsgebiet, empfängt unterwegs Gesandtschaften. In Städten und Dörfern staunen die Menschen über die verschwenderische Pracht des Zuges, bewundern die geschmückten Pferde, Elefanten und Kamele. Das stärkt die Autorität des Monarchen.

Wo immer der Herrscher haltmacht, verteilt er Geschenke und lässt das Volk mit künstlerischen Darbietungen unterhalten. So florieren in dieser Zeit die Urformen jener besonderen Kultur, die Java und Bali fortan prägt. Etwa das Schattentheater: Mithilfe von hölzernen Stäben bedienen Puppenspieler flache Lederfiguren, deren Silhouetten sich geisterhaft auf einer von hinten beleuchteten Leinwand abzeichnen.

Oder die Tanzdramen, bei denen die Akteure prächtige Kostüme tragen, oft auch bunte Masken, die ihnen schaurige Züge verleihen. Einige der Tänzer gleiten weich und fließend dahin, andere stemmen sich in kraftvolle Posen, ihre Körper scheinen mit der Musik zu verschmelzen: Rhythmisches Trommeln untermalt die Choreografie, auf Saiteninstrumenten und Bambusflöten tönen spannungsreiche Melodien; dazu erklingen Glocken, Zimbeln und Metallophone – durchbrochen vom tief vibrierenden Schlag des Gongs.

All diese kunstvollen Darbietungen erzählen Geschichten. Etwa vom heldenhaften Prinzen Panji, der auf der Suche nach seiner verlorenen Liebe eine Vielzahl von Abenteuern besteht. Dabei ist den Zuschauern klar: Das Epos ist zugleich eine Parabel auf die glorreiche Herrschaft von Majapahit.

Derart beliebt ist die Panji-Legende, dass sie bald sogar auf den Reliefs von Tempeln erscheint, sich – erzählt und wieder erzählt – weit über Java hinaus verbreitet und den Ruhm des ostjavanischen Hofes in ferne Länder trägt.

So bringt Hayam Wuruk das Königreich zu den größten Erfolgen. Doch mit seinem Tod 1389 kommt die Wende zum Niedergang. Das Land versinkt in Erbfolgekriegen und verliert, von inneren Krisen gelähmt, zunehmend an Macht.

Was aber bleibt, ist der Glanz seiner Zeremonien und Kunstformen. Bis heute werden die alten javanischen Traditionen in Indonesien gepflegt. Das Puppenspiel, die Musik – und der Tanz. ◊

Als 16-Jähriger übernimmt Hayam Wuruk die Herrschaft in Majapahit und weitet dessen Machtbereich von Ostjava bis auf die Malaiische Halbinsel und Borneo aus. Bewusst fördert er die Kultur – hier eine traditionelle Schattenspielfigur – und widmet sich ihr sogar selbst: beim Tanz

MAL

Im Verlauf des 15. Jahrhunderts wächst der südostasiatische Ankerplatz Malakka im heutigen von einem winzigen Piratennest zu einer der größten und kosmopolitischsten

100 000 MENSCHEN leben um 1500 in Malakka an der Südwestküste der Malaiischen Halbinsel. Die Illustrationen zeigen, wie die Hafenstadt in jenen Jahren ausgesehen haben könnte, denn genaue historische Quellen sind rar

AKKA

Malaysia, günstig gelegen an einer wichtigen Handelsroute zwischen Indien und China,

Städte auf dem Globus heran. Durch kluge Politik – und mithilfe des Islam

TEXT: *Oliver Fischer*
ILLUSTRATIONEN:
Mohd Faizal Rahmat

An dieser Stadt kommt niemand vorbei. Unübersehbar liegt sie in der Ebene zwischen sandigem Meeressaum und Dschungel. Abertausende Holzhäuser bedecken die Ufer einer Flussmündung. Reihen sich dicht an dicht und weit in alle Richtungen. Verschwinden in der Ferne im Tropendunst.

Das ist Malakka, in diesen Jahren um 1500 eine der größten Städte der Welt. Rund 100 000 Menschen leben hier – mehr zählen zur selben Zeit im christlichen Europa wohl nur Paris, Venedig und Neapel.

Es ist vor allem ihre Lage, die die Stadt derart gewaltig hat werden lassen. Denn Malakka grenzt an eine der wichtigsten Handelsrouten der Erde: jene Meerenge, die den Indischen Ozean mit dem Südchinesischen Meer und dem Pazifik verbindet. Über diese Wasserstraße – 900 Kilometer lang und vor der Stadt nur rund 50 Kilometer breit – fließt ein gewaltiger Strom an Waren von China und den Inseln des Malaiischen Archipels nach Indien, Arabien und Europa, und ebenso in die umgekehrte Richtung. Jeder Händler, der nicht große Umwege machen möchte, muss Malakka passieren.

Und der Ort ist wie ein Magnet. Viele Kaufleute gehen hier für einige Monate an Land, um Handel zu treiben – manche lassen sich auch dauerhaft nieder. Auf den Straßen sind Chinesen, Perser und Araber unterwegs, Bengalen, Tamilen, Javaner und einheimische Malaien. Wortfetzen aus mehr als 80 Sprachen hallen in den Gassen, so berichtet es ein europäischer Besucher.

Denn kaum irgendwo sonst lassen sich so gut Geschäfte tätigen. Der herrschende Sultan und seine Amtsträger tun viel, um Malakka für Kaufleute attraktiv zu machen. Die Zölle? So niedrig wie in keinem anderen Hafen der Region. Die Waren der Händler? Lagern gut gesichert in reichlich vorhandenen Speicherhäusern. Jeder Fremde, der ein wenig Geld und Güter mitbringt, ist hier herzlich willkommen.

Geradezu unvergleichlich ist die Weltoffenheit: Alle Menschen in Malakka dürfen ihren eigenen Göttern huldigen. Zwar sind die meisten Einwohner Muslime, gehen islamische Theologen im Palast des Sultans ein und aus, brechen immer wieder von Malakka aus Missionare auf, um die Botschaft des Propheten Mohammed an fernen Küsten bekannt zu machen. Gleichwohl dürfen Menschen hier auch Shiva, Vishnu und weitere Gottheiten des Hinduismus anbeten. Oder sich in die Lehren Buddhas versenken. Und kleine Gemeinden von Juden und Christen leben hier ebenfalls ungestört.

Malakka ist in diesen Jahren einer der kosmopolitischsten Orte der Erde – durch seine Lage und die kluge Politik der Herrschenden. Eine Metropole, die auf einzigartige Weise Welt- und Geschäftssinn mit einer Art sanftem Islam verbindet.

Ungeheuer reich ist diese Stadt zudem – und zugleich mächtig: Die Flotte des Sultans kontrolliert fast die gesamte Meeresstraße, seine Truppen große Gebiete auf der Malaiischen Halbinsel sowie auf der gegenüberliegenden Insel Sumatra.

Und der Einfluss Malakkas reicht weit darüber hinaus, vor allem ökonomisch: Was auf den Märkten dieser Stadt geschieht, verändert das Leben selbst von Menschen

KUNSTVOLL GESTAFFELTE Giebel bekrönen den Sultanspalast. Der muslimische Herrscher ist zugleich der oberste Kaufmann der Stadt. Sein Erfolgsrezept: niedrige Zölle und Religionsfreiheit

SEGELSCHIFFE ankern vor der Mündung des Malakka-Flusses. Der durch vorgelagerte Inseln geschützte Ort ist ein idealer Umschlagplatz für den Warenaustausch zwischen Indien und China

in Tausenden von Kilometern Entfernung. „Wer Herr von Malakka ist, hat seine Hand an der Gurgel von Venedig", fasst es ein europäischer Beobachter einmal zusammen.

Malakka um 1500: Das ist ein Ort auf dem Höhepunkt seiner Macht – ein Epizentrum des Welthandels.

B

Bereits seit mehr als 1500 Jahren durchqueren damals Menschen die Inselwelt Südostasiens, um Handel zu treiben. Der Warenaustausch zwischen China auf der einen Seite, Indien auf der anderen nimmt allerdings lange Zeit meist einen Weg, bei dem die Güter an einer schmalen Stelle der Malaiischen Halbinsel im heutigen Thailand über Land transportiert werden. Vor allem ab etwa 200 n. Chr. gewinnt dieser Weg an Bedeutung, denn die Karawanenrouten der Seidenstraße, die viele Tausend Kilometer weiter nördlich China mit dem Westen durch die Weiten Zentralasiens verbinden, sind aufgrund von Kriegen und Unruhen kaum noch passierbar.

Zunehmend wecken aber auch die Waren aus dem Malaiischen Archipel selbst das Interesse der Fernhändler. Ihre Schiffe steuern nun die Küsten von Java und Sumatra an, um dort etwa Gewürze und spezielle Hölzer zu laden. Entsprechend segeln die Händler vermehrt durch jene Meerenge, die man später „Straße von Malakka" nennen wird – einen Wasserweg, der wie ein Spalt zwischen der Malaiischen Halbinsel im Nordosten und der Insel Sumatra im Südwesten klafft.

Entlang dieses so bedeutsamen Handelswegs entstehen in den nächsten Jahrhunderten eine Reihe von Reichen. Machthaber schwingen sich zu Herren über die Meerenge auf, kontrollieren sie eine Zeit lang – bis ihre Territorien zerbrechen, an inneren Machtkämpfen oder nach Angriffen von Rivalen.

Eines dieser wieder vergehenden Reiche ist das der Könige von Palembang, einer Handelsstadt auf Sumatra,

PRIVILEGEN FÖRDERN DEN AUFSTIEG

einige Hundert Kilometer vor der Südeinfahrt in die Wasserstraße. Um 1400 steht sie längst unter der Oberhoheit eines Herrschers von der Nachbarinsel Java.

Doch ein Mitglied der Königsfamilie von Palembang versucht, gegen die Oberherren zu putschen. Und muss fliehen, als er scheitert.

Parameswara heißt der Rebell, ein machthungriger und draufgängerischer Mann, der danach für einige Jahre die Herrschaft in Singapur an sich reißt, aber dann auch dort vertrieben wird. Begleitet von einer Gefolgschaft aus hartgesottenen Küstenbewohnern, zieht er anschließend an der Nordostseite der Meerenge entlang, auf der Suche nach einem geeigneten Ort, um sich niederzulassen.

Irgendwann wird er auf ein kleines Piratennest an einer Flussmündung aufmerksam, wohl nur ein Ort, an dem Seeräuber ihre Beute gegen Waren tauschen, die Bewohner aus dem Hinterland an die Küste bringen.

Parameswara nennt die Stelle „Malakka" – vermutlich nach einem Baum mit essbaren Früchten („Indische Stachelbeere" genannt), der hier in Hainen wächst, zwischen ausgedehnten Mangroven am Meeresufer und den dichten Wäldern im Binnenland, die durchstreift werden von Tigern, Nashörnern und Elefanten.

Parameswara hat offensichtlich einen Plan: Er will die Stelle zu einem Umschlagplatz machen, an dem Händler aus dem Osten die Waren ihrer Heimat gegen Güter aus dem Westen tauschen können und umgekehrt. Denn kaum ein Kaufmann reist die gesamte, beschwerliche Seeroute von China gen Westen, nach Indien oder gar Arabien. Die Händler legen nur einen Teil der Strecke zurück und veräußern ihre Waren in einem der vielen Handelshäfen, die entlang der Küsten Asiens entstanden sind, laden Güter, die aus der entgegengesetzten Richtung dorthin gelangt sind, und kehren wieder um.

Auch Malakka soll ein solcher Ort werden – die natürlichen Voraussetzungen dafür sind bestens. Mit Gastfreundschaft und Handelsprivilegien lotst Parameswara zudem fortan Kaufleute hierher. Und hat Erfolg: Schon 1403, nur wenige Jahre nachdem er den Handelsplatz gegründet hat, legen vor Malakka offenbar so viele Schiffe an, dass Beamte des Tausende Kilometer entfernt residierenden Kaisers von China auf den Ort aufmerksam werden und ein Gesandter an die Meerenge geschickt wird.

Parameswara sieht wohl sofort die Chance, die der Besuch aus dem mächtigsten Imperium Asiens ihm bietet. Er handelt mit dem Gesandten ein für beide Seiten vorteilhaftes Bündnis aus. Zwar muss Parameswara sich dem Kaiser unterstellen und ihm Tribut zahlen. Doch dafür erhebt ihn Chinas Herrscher zum König über sein kleines Reich um die wachsende Hafenstadt Malakka. Zum Zeichen von dessen neuer Würde lässt der Kaiser dem Neuernannten einen Sonnenschirm in Gelb schicken, der Farbe der Herrscher.

China darf in der Folge den Hafen Malakkas für seine Kriegsflotte nutzen und als Lagerplatz für die Handelsgüter, die sie in ihren Frachträumen transportiert. Malakka aber dient das Bündnis mit dem Kaiserreich, um sich von einer weiteren Großmacht der Region unab-

IN ÜPPIGEM GOLD erglänzt der Thronsaal des Sultans. Mit seiner Flotte kontrolliert der Herrscher die gesamte Meeresstraße von Malakka und schützt den Handel der Hafenstadt. Die Einnahmen sind gewaltig hängig zu machen: dem Thai-Reich von Ayutthaya (später Siam genannt), das von Norden aus die gesamte Malaiische Halbinsel unter seinen Einfluss gebracht hat und die Meerenge zu kontrollieren versucht.

Parameswara stirbt vermutlich 1414. Doch geschützt vom mächtigen chinesischen Kaiserreich, wächst Malakkas Reichtum und Einfluss auch in den Jahrzehnten nach seinem Tod weiter. Um 1450 ist das Stadtkönigreich offensichtlich wohlhabend genug, um eine Armee aufzustellen. Truppen stoßen in weite Gebiete auf der Malaiischen Halbinsel vor, machen andere Fürsten zu Vasallen, drängen den Einfluss Siams nach Norden zurück.

Bald hat Malakka fast die gesamte Meerenge unter seine Kontrolle gebracht und herrscht über einen Großteil der Küsten an beiden Ufern. Galeeren patrouillieren auf der Wasserstraße, verhindern den Aufstieg von Rivalen – und schützen die Handelsschiffe, die Jahr für Jahr Waren von unermesslichem Wert in die Stadt bringen.

Sie fahren mit vollen Segeln und knarzender Takelage, im großen, regelmäßigen Rhythmus der Monsunwinde, die zweimal jährlich wechseln. Im Winter, wenn über dem Südchinesischen Meer verlässliche Winde aus Nordosten wehen, erscheinen vor der Stadt die Dschunken aus China, die wasserdichten Stauräume unter Deck gefüllt mit Tee, Brokat und Seide, mit Metallen und Porzellan.

Dazu kommen Schiffe aus dem Reich von Pegu im heutigen Myanmar, sie haben Silber, Saphire und Diamanten geladen, vor allem aber Reis und andere Lebensmittel. Zudem ist Pegu ein Zentrum des Schiffbaus in Südostasien: Große Segler von dort werden oft selbst in Malakka verkauft.

Im Sommer, wenn nun umgekehrt verlaufende Luftströme die chinesischen Frachter zurück zu ihren Heimathäfen tragen, spannt aus Westen wehender Wind auch die Segel anderer Schiffe: jener aus Indien – aus Bengalen, von der Koromandelküste im Südosten des Subkontinents sowie aus Gujarat im Nordwesten. Mit ihnen kommen vor allem indische Tuche nach Malakka, aber auch Waren aus Persien, Arabien und Europa.

Ebenfalls in diesen Monaten landen Segler aus Java und Sumatra vor Malakka an, darunter Drei- und Viermaster, die größer sind als fast jedes europäische Schiff jener Zeit, mit bis zu 1000 Tonnen fassenden Laderäumen. Gefüllt sind sie mit riesigen Mengen Reis und weiteren Lebensmitteln wie Zucker, Ingwer, Zwiebeln, Fleisch und Honig.

Reisende, die um 1500 zum ersten Mal in Malakka eintreffen, überrascht womöglich, dass es in dieser Weltstadt des Handels keinen ausgebauten Hafen gibt. Zu flach ist das Meer direkt vor der Stadt. Schiffe ankern daher ein Stück vor der Küste in einem Tiefwassergebiet, das von ein paar Inseln vor Stürmen und starkem Seegang geschützt wird.

Sobald am Ankerplatz ein neues Handelsschiff eingetroffen ist, nähern sich von Land aus mehrere Barkassen. Der Kapitän des Schiffes, der neben mitreisenden Kaufleuten auch selbst in großem Stil Handel treibt, lässt dann die Kisten und Säcke aus dem Frachtraum

HOCH ÜBERRAGT der Palast die Stadt. Der Sultan sieht sich als Stellvertreter Gottes auf Erden. Muslimische Kaufleute aus Arabien und Indien haben den Islam in der Region verbreitet

SCHÄTZE

AUS **OST** *UND* **WEST**

schleppen und auf die Hafenkähne laden. Die Seeleute der Besatzung dürfen statt einer Heuer ebenfalls ein wenig Platz unter Deck nutzen, um eigene Waren zu transportieren. Bis zu 100 Mann lassen sich nun mit ihrem Gepäck in die Stadt bringen.

Während der kurzen Überfahrt hören die Reisenden von kleinen Werften am Ufer ein stetes Klopfen und Hämmern übers Wasser hallen. Auf einem Hügel nahe der Küste sehen sie den prachtvollen Sultanspalast thronen, dessen metallverkleidete Dachplatten im grellen Sonnenlicht zu zerfließen scheinen.

Gleich daneben erblicken die Ankömmlinge die Mündung des Malakka-Flusses, der die Stadt in zwei Hälften teilt. Fischerboote gleiten auf seinem träge fließenden Wasser ins Meer. Über dem Fluss spannt sich eine Holzbrücke, über die sich dichte Menschenmengen schieben.

Als der Kapitän mit seinem Kahn am Ufer anlegt, wird er schon erwartet: vom *shahbandar*, einem der vier „Hafenmeister" Malakkas, die jeweils eine bestimmte Gruppe von ausländischen Kaufleuten betreuen – und überwachen. Der Shahbandar führt den Kapitän und die mitreisenden Händler zunächst dem höchsten Amtsträger des Sultanats vor, dem *bendahara*. Dann weist er ihnen in einem der vielen Lagerhäuser der Stadt, die die Herrscher eigens für Kaufleute haben errichten lassen, Platz für ihre Waren zu, stellt womöglich auch Elefanten für den Transport zur Verfügung.

In diesen aus Holz errichteten Speichern, die vermutlich in mehrere abschließbare Kammern unterteilt sind, können die Händler ihre Güter bestens geschützt verstauen: Die Lager sind mit Holzzäunen gesichert, dazu stehen Wächter bereit und schlagen mit Glocken Alarm, sobald sich etwa dubiose Gestalten nähern, von denen es hier wie in jeder Hafenstadt viele gibt.

Dabei sind die Speicherhäuser nicht nur den Händlern nützlich, sondern auch der Regierung: Der Sultan und seine Minister wissen so immer genau, welche Waren in welcher Menge in ihrer Stadt lagern – wichtige Informationen für die Berechnung der Zölle, die der Shahbandar vornimmt.

Wobei Malakkas Herrscher nicht viel verlangt: Nur fünf bis sechs Prozent des Warenwertes berechnet er für die Erlaubnis, hier mit den Gütern zu handeln. In Pegu dagegen sind es zwölf Prozent, in den Häfen von Bengalen auf Importe sogar fast 40 Prozent. (Zu den Zöllen kommen allerdings oft noch offizielle „Geschenke" an die Amtsträger, meist in Höhe von ein bis zwei Prozent.)

Die Herrscher Malakkas verdienen gut an dieser Niedrigzollpolitik: Denn auch wenn sie pro Sack Pfeffer oder Ballen Tuch weniger Geld einnehmen, legen doch dank der geringen Abgaben so viele Händler zusätzlich in Malakka an, dass allein durch die Masse der Waren die Staatseinnahmen viel stärker steigen, als sie es bei höheren Zöllen tun würden.

Überhaupt keine Zölle müssen Händler zahlen, die Lebensmittel in die Stadt bringen. Denn die wenigen Felder und Plantagen im Umland von Malakka reichen nicht, um 100 000 Menschen zu versorgen. Ohne ständige Einfuhren könnte die Stadt nicht überleben – und macht daher den Import so günstig wie möglich.

Sobald die Kaufleute ihre Waren verstaut haben, tauchen sie ein in das Gedränge auf den stets übervollen Straßen der Metropole. Zahllose Menschen aus fast allen Teilen Asiens hasten an ihnen vorbei.

Links und rechts der Wege in den Wohnvierteln sehen die Händler Holzhäuser aufragen. Jeder Bau steht auf Pfeilern gut einen Meter über dem Boden. Nur so sind die Unterkünfte ausreichend vor Überschwemmungen des Malakka-Flusses und den Wassermassen des Sturzregens im Monsun geschützt. Einige Treppenstufen führen hinauf zu lang gezogenen, mit Geländer versehenen Veranden, auf denen die Bewohner einen Großteil ihrer freien Zeit verbringen, Holzschnitzer und andere Handwerker wohl auch ihrer Arbeit nachgehen; dahinter liegen

STAPELN SICH IN DEN **LAGERHÄUSERN**

Wohnraum und Küche, bedeckt mit steilen Satteldächern. Zwischen den Häusern wachsen unzählige Bäume, sodass die Metropole an vielen Stellen fast ländlich wirkt.

Doch dieser Eindruck verblasst schnell, sobald man die geschäftigen Handelsplätze der Stadt betritt: Auf den Märkten, in kleinen Läden nahe dem Hafen und an Ständen auf der großen Flussbrücke bieten Verkäufer täglich Tausenden Menschen eine Fülle von Waren an: Hier wischt ein Händler über Porzellan aus Japan, dort hält ein anderer einem Kunden aromatisch duftende Hölzer unter die Nase. Kaum etwas, das man in Malakka nicht kaufen kann: Parfüm aus China, Juwelen, Opium, Kanonenkugeln und allerlei als Heilmittel genutzte Substanzen.

Doch inmitten dieser Vielfalt stinkt es wohl oft fürchterlich, denn von einer Kanalisation in Malakka ist nichts überliefert. Bei jedem Wolkenbruch muss eine Brühe aus Schlamm, Exkrementen und anderem Unrat durch die Stadt schwappen. Und sicher hören die neu angekommenen Kaufleute bei ihrem Gang durch die Straßen das Rascheln von Ratten im Müll.

Die Händler sind unterwegs zu einer Unterkunft für die nächsten Monate. Denn erst wenn die Monsunwinde wieder drehen, können sie zurück in ihre Heimat segeln. Trotz dieser langen Pausen lohnt sich der Handel, denn mit Geschick und Glück können Kaufleute Gewinne von weit über 100 Prozent machen.

Viele Tausend wartende Fremde sind so ständig in der Metropole. Und meist kommen sie wohl in den Vierteln unter, in denen sich Landsleute von ihnen dauerhaft niedergelassen haben.

Etwa im Stadtteil der Javaner direkt am Malakka-Fluss unweit der Mündung – einem der betriebsamsten Bezirke der Stadt mit Tausenden Einwohnern und einem großen Basar, auf dem vom frühen Morgen an die Rufe der Marktverkäufer zu hören sind.

Oder auf einem östlich davon gelegenen Hügel, auf dem Einwanderer aus China in großer Zahl siedeln. Ein angenehmer Ort in der sonst oft drückend heißen Stadt, denn hier fließen mehrere Bäche, die kühle, frische Luft mit sich bringen.

In diesen Einwanderervierteln quartieren sich die eben Angekommenen vermutlich bei Verwandten oder befreundeten Händlern ein. Und beginnen wahrscheinlich schon bald nach der Ankunft, neue Geschäfte anzubahnen. Oft profitieren sie dabei von einem Netzwerk einheimischer Kollegen, die sie von früheren Besuchen kennen. Solche Kontakte sind unerlässlich, denn Handel in Malakka zu treiben ist eine komplexe Angelegenheit.

Obwohl die Stadt vom Ost-West-Geschäft lebt, treffen die Kaufleute aus den beiden Himmelsrichtungen hier fast nie aufeinander. Auch das liegt am Monsunwind: Wenn die Luftströme im April und Oktober drehen, verlässt die eine Gruppe Kaufleute die Stadt in dem Moment, in dem die andere in ihrer Heimat erst lossegelt.

Ein Geschäftsmann aus China etwa, der mit Seide und Porzellan nach Malakka gekommen ist, kann also seine Waren nicht direkt an einen Kollegen aus Indien übergeben. Er braucht einen Zwischenhändler. Der – zumeist ein einheimischer Malaie – lässt sich die edlen Waren in seinem Ladenlokal zeigen oder inspiziert sie in den Lagerhäusern, handelt dann mit dem Chinesen einen Preis aus. Den zahlt der Einheimische entweder mit Gold oder Geld – oft mit Zinnmünzen, der Währung Malakkas; oder aber er tauscht die neu eingetroffenen Güter etwa gegen Säcke voller Pfeffer und Kästen mit Opium, die der chinesische Kaufmann nach Rückkehr in seine Heimat gewinnbringend veräußern kann.

Einige Monate später, wenn der Monsun gedreht hat, kann der Kaufmann in Malakka wiederum die Güter aus China an die dann anreisenden Händler aus dem Westen losschlagen. Bis dahin bleiben die Waren in den gut gesicherten Speicherhäusern.

Auf dem langen Weg von Ost nach West ist Malakka längst eine der bedeutendsten von zahlreichen Zwischenstationen. Die bei Indern, Arabern und Europäern sehr beliebten, auch als Heilmittel verwendeten Gewürznelken etwa wachsen fast 3000 Kilometer östlich der Metropole auf den Inseln der Molukken (siehe Seite 84). Meist bringen Schiffe sie zunächst zu Häfen auf Java, dann gelangen sie nach Malakka, anschließend nach Indien und dort von Gujarat im Nordwesten über Stationen wie Aden und Alexandria weiter bis nach Venedig. Auf dem Weg von den Molukken zur Lagunenstadt an der Adria wechseln die Knospen so nicht selten ein Dutzend Mal den Besitzer. Und jedes Mal machen Importeure, Exporteure und Zwischenhändler gute Gewinne.

Als zentraler Umschlagplatz hat Malakka dennoch eine enorme Macht: Erhöht etwa der Sultan die Ausfuhrzölle auf bestimmte Güter, können dadurch die Preise in ganz Europa empfindlich steigen.

Die Kaufleute in Malakka nutzen für ihr Streben nach Profiten vielfältige Geschäftsmodelle, und nicht wenige lassen dabei ihr Geld für sich arbeiten – ganz ähnlich wie es etwa in den vom frühen Kapitalismus geprägten Handelsstädten Italiens üblich ist.

In der Stadt an der Meerenge ist unter anderem die in Italien *commenda* genannte Praxis beliebt, eine Partnerschaft zwischen mindestens zwei Unternehmern. Bei diesem Konstrukt ist der eine Partner bereit, eine große Handelsreise zu organisieren und durchzuführen, hat aber nicht genug Geld dafür – das hingegen der andere beisteuern kann.

Der finanziert die Fahrt ganz oder teilweise, bleibt aber selbst zu Hause und trägt das Risiko bis zum Totalverlust des Schiffes. Kehrt sein Vertragspartner erfolgreich von der Tour zurück, erhält der Geldgeber sein eingesetztes Kapital plus einen Zuschlag in vorab festgelegter Höhe – beim Handel mit Java etwa kann der Investor

rund 40 Prozent Profit machen, bei Fahrten nach Indien 80 bis 90 Prozent, bei solchen nach China sogar bis zu 200. Den Rest des Gewinns behält der reisende Partner.

Dieses Modell der riskanten, im Erfolgsfall aber fast mühelosen Geldvermehrung nutzen auch die hohen Amtsträger des Sultans, die an den Hängen unterhalb seines Palastes leben – etwa der Bendahara, der als oberster Berater des Herrschers fungiert, der Kommandeur der Militärflotte oder der Sicherheitschef, der unter anderem die Scharen von Markt- und Straßenwächtern kommandiert. Neben ihren Ämtern machen diese Würdenträger sehr erfolgreich Geschäfte. Ein Bendahara, so heißt es in einer Chronik, sei durch den Handel derart reich geworden, dass sein Enkel mit Murmeln aus reinem Gold spiele.

Und auch der Sultan selbst sinnt auf Profite, besitzt eine eigene Handelsflotte und macht damit hohe Gewinne – zusätzlich zu Zöllen und Steuern. Und zu den Tributen, die er aus den von Malakka unterworfenen Gebieten erhält, in Form von Zinn, Gold oder den Waren der jeweiligen Region.

Fast jeder Reisende, der einige Monate in Malakka verbringt, wird den Sultan mindestens einmal sehen. Denn gelegentlich reitet der Herrscher inmitten einer prächtigen Prozession auf einem Elefanten oder wird in einer Sänfte durch die Straßen getragen – begleitet von Musikern des Hoforchesters, die laut ihre Trompeten und Schlaginstrumente erklingen lassen; eine Gruppe von

MALAKKAS REICHTUM weckt Begehrlichkeiten. 1511 erobern Portugiesen die Stadt, der Sultan flieht. Die muslimischen Händler weichen in andere Häfen Südostasiens aus – und der Islam zieht mit

Nobelleuten trägt die königlichen Prunklanzen und weitere Insignien seiner Macht.

Der Sultan ist nicht nur Herrscher und oberster Kaufmann. Er ist auch „Helfer der Welt und des Glaubens", Gottes Stellvertreter auf Erden – und regiert über die größte muslimische Stadt Südostasiens.

Der Islam blüht in Malakka mindestens so sehr wie der Handel. Der Rhythmus der fünf täglichen Gebetszeiten prägt den Alltag. Aus Koranschulen ist der Singsang von Kindern zu hören, die Suren aus der heiligen Schrift rezitieren. Und im Sultanspalast sowie in den Anwesen der Würdenträger verkehren muslimische Gelehrte und bringen der Nobilität von Malakka die Grundlagen dieser Religion bei.

Die passt bestens zu der Handelsmetropole: Der Prophet Mohammed war selbst ursprünglich ein Kaufmann – und es sind Kaufleute, die seine Lehren in Südostasien bekannt gemacht haben.

IN KÜRZE

Um 1500 ist Malakka, gelegen am kürzesten Seeweg zwischen Indischem Ozean im Westen und Südchinesischem Meer sowie Pazifik im Osten, ein Umschlagplatz für Kaufleute aus aller Welt. Angehörige Dutzender Völker und etlicher Religionen gehen ihren Geschäften in der Hafenstadt nach, die von einem muslimischen Herrscher regiert wird – ein Vorteil im von Muslimen dominierten Handel zwischen Nahem und Fernem Osten.

S

Schon um 800 n. Chr. segelten muslimische Händler aus Arabien und Persien bis nach China. Im Laufe der Zeit ließen sich viele von ihnen dauerhaft in den Häfen entlang der großen Schifffahrtsrouten nieder; schließlich entstanden dort islamische Staatswesen, zunächst in Indien und später auch in Südostasien.

Die Herrscher von Pasai, einem kleinen Reich an der Nordwesteinfahrt in die Meerenge, nahmen kurz vor 1300 den neuen Glauben an, womöglich als Erste überhaupt in der ganzen Region. Wobei es ihnen wahrscheinlich weniger um religiöse Überzeugungen ging als um wirtschaftlichen Erfolg.

Denn die muslimischen Kaufleute verfügten über hervorragende Handelskontakte zu Glaubensbrüdern von Europa bis nach China. Kaum ein Hafen, in dem sie nicht ebenfalls muslimische Kollegen kannten, bei denen sie Waren günstiger oder in größeren Mengen kaufen konnten, als es Andersgläubigen möglich war. Die gemeinsame Religion vermittelte auch ein gemeinsames Rechtsverständnis, das sich für die auf gegenseitigem Vertrauen basierenden Handelsgeschäfte als besonders günstig erwies.

Muslim zu werden bedeutete für den Herrscher eines Hafenortes in diesen Jahren den Schlüssel zum ökonomischen Aufstieg – und so florierte der Handel in Pasai bald stärker als je zuvor.

Als ein Jahrhundert später der Rebell Parameswara Malakka gründet, will er diesen Erfolg wiederholen. Um die gut vernetzten muslimischen Händler nach Malakka zu holen, gewährt ihnen wohl schon der selbst dem Hinduismus anhängende Herrscher völlige Freiheit zur Ausübung ihrer Religion. Tatsächlich steuern bald viele von ihnen den Hafen an. Unter Parameswaras Nachfolger lassen sich zunehmend Muslime auch in Malakka nieder, dürfen hier weitgehend selbstbestimmt leben und ihre Geschäfte treiben.

Der folgende Herrscher der Stadt konvertiert schließlich selbst zum Islam und heiratet eine muslimische Prinzessin aus Pasai. Wie später an anderen Orten Südostasiens folgen auch hier den Machthabern mehr oder weniger freiwillig die einheimischen Bewohner. Am Islam fasziniert viele wohl die Botschaft von der Gleichheit aller Menschen vor Gott. Durch den neuen Glauben und die Aufwertung des Kaufmannsberufes unter den Muslimen können nun auch einfache Untertanen hoffen, zu Ansehen und zu Wohlstand zu kommen.

Von Malakka aus gehen muslimische Händler auf Reisen, verkaufen in den Häfen Südostasiens nicht nur Waren, sondern verkünden den Menschen dort auch den Islam. Dank dieser Missionare nehmen immer mehr Einheimische das neue Bekenntnis an, etwa auf Sumatra und an den Küsten der Malaiischen Halbinsel. Und als der Herrscher von Malakka dort größere Gebiete unterwirft, konvertieren die Fürsten der meisten Vasallenstaaten – fast das gesamte Gebiet bis zur Grenze zum buddhistischen Siam wird islamisch.

Es ist eine besondere Form dieses Glaubens, die sich von Malakka aus verbreitet: offen und undogmatisch, passend zum kosmopolitischen Geist der Stadt.

Zahlreiche islamische Gelehrte aus Indien und dem Westen Asiens haben sich in Malakka angesiedelt, darunter auch Sufis, Anhänger einer mystischen Strömung. Sie sammeln Schüler um sich und bringen ihnen bei, durch Gebet und Meditation Gott nahe zu kommen. Ihre Riten – Tanz, Trommelspiel und stundenlange Rezitationen magischer Worte – erinnern manche Einheimische womöglich an Gebräuche, die sie aus Hinduismus und Buddhismus kennen. Vielleicht auch deswegen ist es vielen leichtgefallen, sich der neuen Religion anzuschließen.

Das oft strenge islamische Recht wird in Malakka meist milde ausgelegt. Für eine Reihe von Vergehen können die Richter laut Gesetzbuch sogar zwischen zwei Arten von Strafen wählen: einer milderen Buße „nach landesüblichem Brauch" und einer harscheren „nach dem Gesetz Gottes". Selbst wenn ein Muslim vom Glauben abfällt, wird er in Malakka nicht, wie von der Scharia vorgeschrieben, zum Tode verurteilt: Ihm wird drei Mal Gelegenheit gegeben, diese gotteslästerliche Missetat zu bereuen und sich erneut zum Islam zu bekennen.

Die Sitten im Alltag von Malakka sind eher locker: Auf den Märkten trinken Männer in aller Öffentlichkeit Reiswein, auch wenn der Islam den Genuss von Alkohol verbietet. Kaufleute aus China, die sich in Malakka aufhalten, essen ungeniert Schweinefleisch – auch wenn sich die Einheimischen empören, wie es in einer Quelle heißt, scheint die Obrigkeit sie nicht daran zu hindern.

Besucher aus Arabien, der Ursprungsheimat des Islam, sind manchmal entsetzt über die laxen Sitten der Menschen in Malakka: „Sie haben überhaupt keine Kultur. Ungläubige heiraten muslimische Frauen, während die Muslime Heidinnen ehelichen. Man weiß gar nicht, ob sie Muslime sind oder nicht. Sie essen Hunde, trinken Wein."

Monate sind vergangen, und die Winde drehen. Die auswärtigen Händler verlassen die Stadt nun wieder – und einige Wochen später gehen Kaufleute aus einer anderen Himmelsrichtung in Malakka an Land, bringen neue Waren und mehren den Reichtum des Ortes.

Gut 100 Jahre nach ihren bescheidenen Anfängen steht die Metropole in voller Blüte. Sie ist ein Ort der Vielfalt und der Weltoffenheit, ein Umschlagplatz für Güter, für eine neue Religion. Dazu Mittelpunkt eines starken Imperiums, das kein Nachbarstaat anzugreifen wagt.

Doch im Jahr 1509 werden Schiffe aus dem fernen Europa vor Malakka aufziehen. Portugiesische Abgesandte werden den Sultan zum Abschluss eines Handelsvertrages drängen. Der Herrscher aber lehnt ab, und so kehren die Portugiesen zwei Jahre später mit einer Flotte zurück und erobern den Ort; der Sultan und sein Hof fliehen.

Die neuen Herren verkehren die Politik der muslimischen Machthaber ins Gegenteil, erhöhen die Abgaben, bekämpfen den Islam und zerstören Moscheen. Ein Großteil der Kaufleute, denen Malakka seinen Reichtum verdankt, verlässt die Stadt. Schon bald schrumpft der Handel.

Und so können die christlichen Eroberer nicht die erhofften Profite abschöpfen – und es gelingt ihnen auch nicht, den Islam zurückzudrängen. Paradoxerweise befördern sie seine Verbreitung sogar. Denn die muslimischen Händler, die bislang in Malakka lebten oder die Stadt regelmäßig ansteuerten, fahren nun andere Häfen auf der Malaiischen Halbinsel an, auf Sumatra, Java, Borneo und weiteren Eilanden; und überall blühen bald islamische Reiche.

Fast alle dieser Gebiete gehören heute zum islamisch geprägten Malaysia (in dem auch Malakka liegt) oder zu Indonesien – dem Land, in dem mehr Muslime leben als in jedem anderen Staat der Erde. ◊

GEO+ EPOCHE DOSSIER

Lesen Sie auch **»Singapur: Der Traum des Mr. Raffles«** – wie ein malaiischer Sultan 1819 einem Briten die Gründung eines Handelspostens ermöglicht.
www.geo-epoche.de

LITERATURTIPPS

MUHAMMAD YUSOFF HASHIM
»The Malay Sultanate of Malacca«
Ausführliches, nicht immer strukturiertes Porträt der Handelsmetropole während ihrer großen Blüte (Dewan Bahasa dan Pustaka).

HENK SCHULTE NORDHOLT
»Südostasien«
Den großen Rahmen liefert Band 12 der »Neuen Fischer Weltgeschichte«: umfassend, aktuell und auf den Punkt (S. Fischer).

GEO**EPOCHE**
Das Magazin für Geschichte

IMPRESSUM

CHEFREDAKTEURE: Jens Schröder, Markus Wolff
REDAKTIONSLEITUNG: Joachim Telgenbüscher
MANAGING DESIGNER: Tatjana Lorenz
TEXTREDAKTION: Jens-Rainer Berg (Konzept dieser Ausgabe), Insa Bethke, Dr. Anja Fries, Samuel Rieth, Johannes Teschner
AUTOREN: Jörg-Uwe Albig, Dr. Mathias Mesenhöller
BILDREDAKTION: Christian Gargerle, Roman Rahmacher, Jochen Raiß
LAYOUT: Frank Strauß
VERIFIKATION: Alice Passfeld, Andreas Sedlmair, Stefa n Sedlmair
KARTOGRAPHIE: Stefanie Peters
CHEF VOM DIENST / SCHLUSSREDAKTION: Dirk Krömer
WISSENSCHAFTLICHE BERATUNG: Jan Dreßler
REDAKTIONSASSISTENZ: Ümmük Arslan
CHEF VOM DIENST TECHNIK: Rainer Droste
GESCHÄFTSFÜHRENDE REDAKTEURIN: Maike Köhler

Verantwortlich für den redaktionellen Inhalt: Jens Schröder, Markus Wolff

Litho: 4mat Media, Hamburg
Druck: appl druck GmbH, Senefelderstraße 3–11, 86650 Wemding
Printed in Germany

Gruner + Jahr GmbH
Sitz von Verlag und Redaktion: Am Baumwall 11, 20459 Hamburg.
Postanschrift der Redaktion: Brieffach 24, 20444 Hamburg.
Telefon: 040 / 37 03-0
Internet: www.geo.de/epoche

PUBLISHER: Frank Thomsen (Stellvertreter: Toni Willkommen)
PUBLISHING MANAGER: Patricia Hildebrand
SALES DIRECTOR: Franziska Bauske / DPV Deutscher Pressevertrieb
DIRECTOR BRAND PRINT + DIRECT SALES: Heiko Hager, Ad Alliance GmbH
Verantwortlich für den Inhalt der Anzeigen: Fabian Rother – Head of Brand Print + Direct Sales, Ad Alliance GmbH, Am Baumwall 11, 20459 Hamburg.
Es gilt die jeweils aktuelle Preisliste unter www.ad-alliance.de
MARKETING: Pascale Victoir
HERSTELLUNG: G+J Herstellung, Heiko Belitz (Ltg.), Oliver Fehling

Heftpreis: 12,00 Euro (mit DVD: 19,50 Euro)
ISBN: 978-3-652-01041-2;
978-3-652-01047-4 (Heft mit DVD)
ISSN-Nr. 1861-6097

Bankverbindung: Deutsche Bank AG Hamburg, IBAN: DE 30 2007 0000 0032 2800 00, BIC: DEUTDEHH

GEO-LESERSERVICE

FRAGEN AN DIE REDAKTION
Telefon: 040 / 37 03 20 84
E-Mail: briefe@geo-epoche.de

BESTELLADRESSE FÜR GEO-BÜCHER, GEO-KALENDER, SCHUBER ETC.
Anschrift: GEO-Versand-Service, 74569 Blaufelden
Telefon: +49 / 40 / 42 23 64 27
Telefax: +49 / 40 / 42 23 66 63
E-Mail: guj@sigloch.de

ABONNEMENT- UND EINZELHEFTBESTELLUNG
Online-Kundenservice: www.geo.de/kundenservice
Telefon: 0049 / 40 / 55 55 89 90
Service-Zeiten: Mo–Fr 7.30 bis 20.00 Uhr, Sa 9.00 bis 14.00 Uhr
Postanschrift: GEO*EPOCHE* Kundenservice, 20080 Hamburg

Preise Jahresabonnement:
72,00 € (D), 81,00 € (A), 114.00 sfr (CH)
mit DVD:
105,00 € (D), 120,00 € (A), 174.60 sfr (CH)
Studentenabonnement:
43,20 € (D), 48,60 € (A), 68.40 sfr (CH)
mit DVD:
66,60 € (D), 77,40 € (A), 118.80 sfr (CH)
Preise für weitere Länder auf Anfrage erhältlich

USA: GEO*EPOCHE* is published by Gruner + Jahr GmbH K.O.P.: German Language Pub., 153 S Dean St, Englewood NJ 07631. Periodicals Postage is paid at Paramus NJ 07652. Postmaster: Send address changes to GEO*EPOCHE*, GLP, PO Box 9868, Englewood NJ 07631.
KANADA: Sunrise News, 47 Silver Shadow Path, Toronto, ON, M9C 4Y2, Tel.: +1 647-219-5205, E-Mail: sunriseorders@post.com

Alle Fakten, Daten und Karten in dieser Ausgabe sind vom GEO*EPOCHE*-Verifikationsteam auf ihre Richtigkeit überprüft worden.

FOTOVERMERK NACH SEITEN

Anordnung im Layout: l.= links, r.= rechts, o.= oben, m.= Mitte, u.= unten

Titelbild: Sakraler Bau auf Java, Plakat einer Reiseagentur in den 1940er Jahren (gedrucktes Gemälde).
Rückseite: Mythologische Elefantendarstellung, Thailand, um 1830.

TITEL: Swim Ink 2, LLC/Corbis/Getty Images
EDITORIAL: Xiomara Bender für GEO*EPOCHE*: 3
INHALT: Zoonar/alamy: 4 o.; Slg. Thomann/Museum am Rothenbaum, Kunst und Künste der Welt: 4 l. m.; G. Wright/De Agostini Picture Library/akg-images: 4 r. m.; Mohd. Faizal bin Mamat Rahmat: l. u.; hemis.fr/Marc Dozier/ddp-images: 4 r. u.; British Library/Bridgeman Images: 5 o.; John Thomson/Wellcome Collection: 5 2. v. o.; akg-images: 5 2. v. u.; Library of Congress: 5 u.
LANDE UNTER DEN WINDEN: Stefanie Peters für GEO*EPOCHE*: 6–9
DIE KRAFT DER VIELEN QUELLEN: Peter Schickert/alamy: 10/11; Weltmuseum Wien/KHM-Museumsverband: 12; Art World/alamy: 13 o.; Rijksmuseum, Amsterdam: 13 u.; Zoonar/alamy: 14; Jaroslav Poncar: 15; Nara's Elite Art Studio/Royal Geographical Society/Getty Images: 16; Pictures From History/akg-images: 17 o., 23 o.; Grenville Collins Postcard Collection/Mary Evans/Interfoto: 17 u.; Oswald Lübeck/Deutsche Fotothek/Picture-Alliance/dpa: 18/19; Classic Image/alamy: 19; Glasshouse Images/akg-images: 20 o.; Privatsammlung: 20 u.; Frank George Carpenter/Library of Congress: 21; Roger-Viollet/ullstein bild: 22, 24 u.; Mario De Biasi/Mondadori Portfolio/akg-images: 23 u.; Historic Collection/alamy: 24 o.; akg-images: 25
IM WIDERSTAND GEBOREN: Pictures From History/akg-images: 26/27, 28, 31, 34; Paul Freeman/Bridgeman Images: 29; Bruce White/Metropolitan Museum of Art/bpk-images: 30; Liszt Collection/Interfoto: 33; CPA Media/alamy: 35; Archive/alamy: 36
PAGAN. STAAT DER TAUSEND TEMPEL: Slg. Thomann/Museum am Rothenbaum, Kunst und Künste der Welt: 38, 46 (3), 47, 50; G. Wright/De Agostini Picture Library/akg-images: 39; Monika Hoefler/Ostkreuz: 40 l. o.; Pictures From History/akg-images: 40 l. u., 42/43; Howard Sochurek/The LIFE Picture Collection/Getty Images: 40 r. o.; Privatsammlung: 40 r. u.; Handbook for travelers in India, Burma and Ceylon, London 1911: 42; Peter Schickert/imageBROKER/imago-images: 44/45; Bettina Flitner/laif: 48/49
DER TÄNZER AUF DEM THRON: hemis.fr/Marc Dozier/ddp-images: 53
MALAKKA: Mohd. Faizal bin Mamat Rahmat
ZEITLEISTE: Heritage Images/Picture-Alliance/dpa: 71; Metropolitan Museum of Art: 72; Los Angeles County Museum of Art: 73, 74; Amnat/alamy: 76; Brooklyn Museum: 77; Werner Forman/akg-images: 78; Photo Josse/Bridgeman Images: 79; Peter Horree/alamy: 80; Rijksmuseum, Amsterdam: 81
LESEZEICHEN: Konstantin Kalishko/alamy: 83
DER REIZ DER NELKEN: Antonio Pigafetta, Journal of Magellan's Voyage. General Collection, Beinecke Rare Book and Manuscript Library, Yale University, and Shailor, B. Catalogue of Medieval and Renaissance Manuscripts in the Beinecke Rare Book and Manuscript Library, MS 351: 84 (Hintergrund), 85, 88, 93, 96; The Picture Art Collection/alamy: 84 (2); British Library/Bridgeman Images: 86, 89, 94; Rijksmuseum Amsterdam: 87, 91, 95; Florilegius/alamy: 90; Pictures From History/akg-images: 92; World History Archive/alamy: 97
MIT GIER UND GEWALT: Rijksmuseum Amsterdam: 99
METROPOLE AUS WASSER: John Thomson/Wellcome Collection: 100/101, 103, 104/105, 106, 108, 109, 110, 112, 113, 114, 116; Hulton Archive/Getty Images: 107; Stefanie Peters für GEO*EPOCHE*: 115
HÖLLENTOUR IM DSCHUNGEL: Francis Garnier, Atlas Du Voyage D'Exploration En Indo-Chine, Paris 1873: Hintergründe von 122/123, 125, 129; Pictures From History/akg-images: 122, 125, 126, 129, 131; Rochefort Société De Géographie: 123; Daniel Arnaudet/RMN – Grand Palais/bpk-images: 124 o., 127; CPA Media Pte Ltd/alamy: 124 u.; Stefanie Peters für GEO*EPOCHE*: 130 o.; Bridgeman Images: 130 u.
DIE FREMDEN AUS DEM NORDEN: Privatsammlung: 135
KAMPF UM DIE FREIHEIT: Library of Congress: 136/137, 143 (2), 144, 145 (2); North Wind Picture Archives/alamy: 137 r.; Álbum de Filipinas/Biblioteca Digital Hispánica (BDH)/Biblioteca Nacional de España: 138 (2), 139 o.; Philippine Photographs Archive, Special Collections Research Center/University of Michigan: 139 u.; Filipinas Ante Europa/Biblioteca Nacional de España: 140; Stefanie Peters für GEO*EPOCHE*: 141 o.; alamy: 141 l. u.; Privatsammlung: 141 r. u.; Hulton Archive/Getty Images: 142; Bridgeman Images: 146; Glasshouse Images/alamy: 147; Bettmann Archive/Getty Images: 148
DER REUIGE HANDLANGER DES EMPIRE: akg-images: 151
UNABHÄNGIGKEIT SCHLÄGT DEMOKRATIE: Barbara Kieboom: 152; Everett Collection/picture alliance/dpa: 153 o., 154 u.; Hulton Archive/Getty Images: 153 u.; Bettmann Archive/Getty Images: 154 o.; AP Photo/picture alliance/dpa: 157 o.; AFP/Getty Images: 157 u.
MENSCHEN DAHINTER: Privat: 158 (3)
WELT VON GEO: Samurai-Museum, Berlin: 159 r. o.
VORSCHAU: Ian Dagnall/alamy: 162; akg-images: 163
RÜCKSEITE: British Library/akg-images

Die Geschichte SÜDOSTASIENS

Von Festlandstaaten *und* INSELREICHEN

KÖNIGTUM
Die ersten größeren Herrschaften etablieren sich um die Zeitenwende (Theatermaske, die einen Monarchen symbolisiert, Indonesien)

Die von Flüssen, Küsten und dem Rhythmus des Monsuns geprägte Region zwischen China und Australien wird seit jeher durch das Mit- und Gegeneinander unterschiedlichster Völker und Kulturen bestimmt – bis heute

TEXT: *Svenja Muche*

Südostasien ist eine Welt der Ufer und Küsten. Mächtige Ströme wie der Mekong und der Irrawaddy durchziehen mit zahlreichen Verästelungen das Festland, das mit der lang gezogenen Malaiischen Halbinsel heranreicht an den größten Archipel des Planeten mit mehr als 20 000 Inseln. Während der Eiszeiten aber, als der Meeresspiegel gegenüber heute um bis zu 120 Meter niedriger ist, sind die westlichen Inseln mit dem Festland zu einer großen Landmasse verbunden. So können vor rund 65 000 Jahren die ersten modernen Menschen zu Fuß in das Gebiet des heutigen Indonesien vordringen. Die frühen Bewohner Südostasiens sind Wildbeuter.

Ab etwa 3500 v. Chr. wandern Migranten aus dem Süden des späteren China ein und bringen wahrscheinlich die Technik des Ackerbaus mit, die sich in den folgenden zwei Jahrtausenden in ganz Südostasien etabliert. Die Neuankömmlinge aus dem Norden sprechen vermutlich Idiome der austroasiatischen Sprachfamilie, zu der heute etwa das Vietnamesische sowie die Khmer-Sprache in Kambodscha gehören. Eine zweite Einwanderungswelle erreicht auf dem Seeweg von Taiwan aus ab etwa 2500 v. Chr. die Inselwelt des Archipels. Die Ankommenden sind fähige Schiffbauer und Seefahrer, sie sprechen wahrscheinlich Vorläufer der austronesischen Sprachen, die heute etwa in Malaysia, Indonesien und auf den Philippinen vorherrschen.

Nach und nach verdrängen die Neusiedler wohl die Jäger und Sammler. Viele Menschen in Südostasien leben nun in Dörfern aus Pfahlbauten, bewirtschaften Reisfelder, halten Schweine, Hühner und Hunde. Mit Booten und Schiffen gehen die Einheimischen auf Fischfang oder betreiben Tauschwirtschaft mit anderen Siedlungen entlang der Küsten und Flüsse.

KOSTBARKEITEN FÜR DEN HÄUPTLING
Angehörige der einst im heutigen Vietnam blühenden Dong-Son-Kultur fertigen um die Zeitenwende kunstvoll verzierte Bronzeobjekte für ihre Elite, vor allem Trommeln wie diese

um 500 v. Chr.

VIETNAM*
Im Einzugsgebiet des Roten Flusses im Norden des heutigen Vietnam fertigen Angehörige der sogenannten Dong-Son-Kultur kunstvolle Bronzetrommeln, deren Verzierungen geometrische Muster, aber auch Szenen des Alltags, Pfahlhäuser, Boote und federgeschmückte Krieger zeigen. Die Trommeln sind Prestigeobjekte, wohl angefertigt für Häuptlinge, die – wie in dieser Zeit auch anderswo auf dem südostasiatischen Festland – beginnen, jeweils mehrere Dörfer unter ihrer Oberherrschaft zu vereinen.

um 200 v. Chr.

MYANMAR
Nahe den Ufern des Irrawaddy legen Angehörige des Volkes der Pyu erste größere städtische Siedlungen an. In der fruchtbaren Flussebene graben sie Kanäle, um Felder zu bewässern, und errichten imposante Heiligtümer aus gebrannten Ziegeln. Die als eigenständige Stadtstaaten organisierten Gemeinwesen unterhalten später Handelskontakte nach Indien.

111 v. Chr.

VIETNAM
Chinesische Truppen erobern ein Reich, das Teile des heutigen Südchina umfasst sowie den Norden Vietnams, das damalige Kernland der Vietnamesen, das damit dem Kaiserreich angegliedert wird. Für rund 1000 Jahre bleibt es unter chinesischer Herrschaft.

40 n. Chr.

VIETNAM
Die Fürstentochter Trung Trac, der Legende nach stets von ihrer Schwester Trung Nhi begleitet, ruft zum Aufstand gegen die chinesische Besatzungsmacht auf. Die Rebellin und ihre Mitstreiter entstammen der einheimischen Elite, die sich von den neuen Herren zunehmend ins Abseits gedrängt sieht. Nach anfänglichen Erfolgen der Aufständischen sendet Chinas Kaiser eine Armee, die im Jahr 43 n. Chr. die Revolte niederschlägt. Angesichts der Niederlage, so die Überlieferung, begehen die Schwestern, die noch heute als Widerstandsheldinnen verehrt werden, Suizid.

um 190

VIETNAM
Im heutigen Zentralvietnam, vermutlich nahe der späteren Stadt Hue, entsteht das erste bedeutende Herrschaftszentrum der Cham. Angehörige dieses Volkes siedeln entlang der Küste, gründen in den folgenden Jahrhunderten weitere Reiche und Hafenorte, in denen Waren wie Elfenbein und aromatische Hölzer gegen Handelsgüter aus China oder Indien getauscht werden. Raubzüge in das chinesisch beherrschte Vietnam im Norden machen die Cham-Reiche zu dessen dauerhaftem regionalen Rivalen. Die von starken indischen Einflüssen geprägte Kultur der Cham bringt unter anderem kunstvolle Statuen aus Sandstein und groß angelegte Tempelanlagen hervor.

* Die Ortsmarken der Einträge richten sich nach dem Gebiet der heutigen Staaten.

um 220

VIETNAM/KAMBODSCHA

In China beeinträchtigen politische Wirren den Handel entlang der Überlandroute der Seidenstraße; viele Kaufleute weichen daher auf den Seeweg längs der südostasiatischen Küsten aus. In der Folge nimmt der Umfang des Warenverkehrs in der Region zu. Mit der Hafenstadt Oc Eo entsteht am Mekong-Delta ein bedeutendes Handelszentrum. Laut damaligen chinesischen Quellen gehört es einem Reich mit Namen Funan im Süden der Indochinesischen Halbinsel an. Historiker vermuten heute jedoch, dass Oc Eo vielmehr Teil eines lockeren Verbundes kleinerer Herrschaften war.

686

INDONESIEN

Einer Inschrift zufolge greift die Flotte des Reiches Srivijaya im Südosten von Sumatra die Nachbarinsel Java an. Bis zum Ende des folgenden Jahrhunderts bringen die buddhistischen Herrscher von Srivijaya weite Teile Sumatras und der Malaiischen Halbinsel unter ihren Einfluss und kontrollieren die dazwischen liegende Meerenge, den günstigsten Weg für Schiffe auf der Handelsroute zwischen China und Indien. Wie die meisten traditionellen Reiche Südostasiens bis hinein ins 19. Jahrhundert ist Srivijaya kein Territorialstaat mit festen Grenzen: Es besteht vielmehr aus einer Vielzahl von kleinen lokalen Fürstentümern, deren Anführer einem obersten Herrscher unterstehen und diesem Tribut leisten.

DAS LÄCHELN DES ERLEUCHTETEN
Direkt aus Indien sowie über China erreicht die Lehre Buddhas bald auch Südostasien – und findet dort rasch Verbreitung (Bodhisattva aus Sandstein, Kambodscha, 12. Jh.)

802

KAMBODSCHA

Im Nordwesten des späteren Kambodscha lässt sich der Fürst Jayavarman in einer hinduistischen Zeremonie zum „Universalherrscher“ und Günstling der Gottheit Shiva weihen. Südostasiatische Fürsten haben wohl bereits um das Jahr 400 Traditionen des aus Indien stammenden Hinduismus übernommen, unter anderem um ihre Herrschaft zu legitimieren. Jayavarman gilt als Gründer des Königreichs der Khmer, die zu den einst aus dem Süden des heutigen China eingewanderten Völkern gehören. Die Khmer weiten ihren Einfluss in den folgenden gut 300 Jahren über große Teile des südostasiatischen Festlands aus.

um 830

INDONESIEN

In Zentraljava werden die Arbeiten an einem gewaltigen Bauwerk abgeschlossen: Das bis heute größte jemals errichtete buddhistische Heiligtum Borobodur ragt rund 35 Meter in den Himmel. Vermutlich in den ersten Jahrhunderten nach der Zeitenwende sind die Lehren des Buddha mit Händlern und Wanderpredigern von China und Indien nach Südostasien gekommen, verbreiteten sich zunächst auf dem Festland, spätestens im 5. Jahrhundert auch im Archipel. Da er ohne strenge Dogmen auskommt, ist der Buddhismus im religiös vielfältigen Südostasien besonders erfolgreich: Viele Einheimische verbinden seine Ideen mit ihrem lokalen Geisterglauben und der hinduistischen Götterwelt.

938

VIETNAM

Im Mündungsdelta des Roten Flusses schlagen vietnamesische Kämpfer eine chinesische Flotte vernichtend, ihr Anführer Ngo Quyen wird bald darauf erster König des nunmehr von China unabhängigen Vietnam (das den Norden des heutigen Staates umfasst). Nach Ngo Quyens Tod konkurrieren mehrere Warlords um die Vormacht. 1009 kann sich dauerhaft die Ly-Dynastie etablieren, die ihr Reich ab 1054 Dai Viet nennt. Immer wieder jedoch muss sich das Land Angriffen aus China erwehren.

um 1000

THAILAND

Volksgruppen, die sich mit verwandten Sprachen verständigen, vermutlich aus den heutigen chinesischen Regionen Guangxi und Guangdong stammen und zu denen unter anderem die Völker der Lao und Thai zählen, wandern in das Kerngebiet des südostasiatischen Festlands ein. Nach 1200 begründen sie dort erste Herrschaftszentren.

1067

MYANMAR

Mit Pagan schwingt sich ein neues Reich zum Hegemon am Irrawaddy auf. Nachdem dessen Herren bereits die Städte der Pyu ihrem Machtbereich einverleibt haben, unterwerfen sie nun die Gebiete einer weiteren Völkerschaft: Ein Heer überfällt ein Zentrum der Mon-Kultur nahe der Südküste und verschleppt Tausende Einwohner in die Hauptstadt von Pagan. Dort, am Mittellauf des Irrawaddy, entsteht bis um 1100 das wohl bedeutendste buddhistische Zentrum seiner Zeit. In rund 4000 Tempeln und Stupas – Pagodenbauten, die meist buddhistische Reliquien beherbergen – suchen Gläubige nach Erleuchtung; Adelige übertragen umfangreichen Landbesitz an die Klostergemeinschaften.

1113

MYANMAR

In Pagan gravieren Steinmetze geschwungene Schriftzeichen in eine Steinstele – die wohl älteste erhaltene Inschrift auf Birmanisch. Die Textzeilen erzählen von den Ehren, die der Sohn eines Königs von Pagan seinem Vater erweist. Das Besondere: Die Handwerker geben den Text auch in drei weiteren Sprachen und Schriften wieder, darunter jene der Pyu. Damit ist die Stele heute ein wichtiger Schlüssel für die Entzifferung der alten Sprachen auf dem südostasiatischen Festland.

um 1150

KAMBODSCHA

Der verstorbene Khmer-König Suryavarman II. wird in dem unter seiner Herrschaft errichteten Tempelkomplex Angkor Wat beigesetzt. Von einem Wassergraben umschlossen und mit gebirgsartig aufragenden Türmen versehen, stellt das riesige Bauwerk ein Abbild des Hindu-Universums dar – und symbolisiert so Suryavarmans Machtanspruch: Von seiner Residenz in Angkor aus hatte der König erstmals das Gebiet des späteren Staates Kambodscha vereint. Ein Nachfolger dehnt das Khmer-Reich sogar bis an die Südostküste des heutigen Vietnam.

1287

MYANMAR

Ein Mongolenheer fällt von Norden aus in Pagan ein. Der Sturm trifft ein geschwächtes Reich: Ein Großteil der Ackerflächen ist im Besitz von steuerbefreiten Klöstern, sodass an den Hof kaum noch Einnahmen fließen. Weil zudem Mönche meist vom Kriegsdienst ausgenommen sind und es dem König daher auch an Kämpfern fehlt, kann Pagan gegen die Invasoren wenig ausrichten. Zwar besetzen die Mongolen die Hauptstadt nur kurzzeitig, doch ihr Sieg beendet Pagans Vorherrschaft am Irrawaddy.

um 1300

INDONESIEN

Arabische Schriftzeichen auf dem Grabstein des Herrschers von Pasai im Norden Sumatras künden vom Tod des kurz zuvor Verstorbenen im Fastenmonat Ramadan – und damit auch vom vermutlich ersten islamischen Reich in der Region. Bereits seit einigen Jahrhunderten bereisen muslimische Händler Südostasien, manche haben sich im Archipel oder auch auf dem Festland niedergelassen, etwa im heutigen Zentralvietnam. Nun verbreitet sich der Glaube verstärkt entlang der Handelsrouten, vor allem durch muslimische Kaufleute aus Indien. Bis 1650 wird er – meist in einer wenig dogmatischen Variante – auf Java, Sumatra und vielen weiteren Inseln sowie auf der Malaiischen Halbinsel zur dominierenden Religion; bedeutende Sultanate entstehen unter anderem in Aceh an der Nordspitze Sumatras sowie in Brunei im Nordwesten Borneos.

1351

THAILAND

U Thong, Sohn eines chinesischen Kaufmanns und einer Thai-Fürstentochter, gründet Ayutthaya. Von der Stadt nördlich der späteren Metropole Bangkok dehnen U Thong und seine Erben in den folgenden rund 100 Jahren ihre Macht in mehreren Eroberungszügen vom Mittellauf des Mekong im Norden bis in den Süden der Malaiischen Halbinsel aus. Die Kapitale profitiert vom rasant wachsenden Überseehandel

DIE MACHT DER MYTHEN
Vogelköpfige Dämonen zieren diese Kachel aus dem Süden des heutigen Myanmar. Sie prangte einst an einem Bauwerk in Pegu, der Kapitale des gleichnamigen Reichs (15. Jh.)

mit Gewürzen, Textilien und chinesischen Luxusgütern wie Porzellan und Seide, den Händler in den Hafenorten des Reiches von Ayutthaya abwickeln.

1365

INDONESIEN

Ein javanischer Hofpoet verfasst das Versepos „Nagarakretagama". Es erzählt von den Taten und Errungenschaften des Herrschers Hayam Wuruk, der im Nordosten Javas residiert. Der Überlieferung zufolge kontrolliert er von seinem Hauptsitz Majapahit aus ein gewaltiges Gebiet, das sich von Sumatras über Teile der Malaiischen Halbinsel bis zur Westküste Neuguineas erstreckt. Unter Hayam Wuruk erlebt Java eine kulturelle Blüte, die neben literarischen Werken auch Tanz- und Theaterkunst hervorbringt.

1376

LAOS

Sam Saen Thai, König von Lan Xang, veranlasst eine Volkszählung. Demnach verfügt er über 300 000 wehrfähige Männer. Der Sohn des Reichsgründers gilt als geschickter Staatsmann, der in seinen 43 Regierungsjahren größere Kriege vermeiden und den Wohlstand seines Landes deutlich mehren kann.

um 1400

MALAYSIA

Ein Prinz von Palembang auf Sumatra, der einst vor den Truppen des Herrn von Majapahit fliehen musste und sich schließlich an der Südwestküste der Malaiischen Halbinsel niedergelassen hat, gründet dort die Hafenstadt Malakka. Dank ihrer Lage an der für den Fernhandel bedeutenden Meerenge zwischen Malaiischer Halbinsel und Sumatra sowie durch eine weltoffene Politik steigt die muslimisch geprägte Stadt um 1450 zum wichtigsten Handelszentrum Südostasiens auf. Die Meerenge erhält nach der Stadt den Namen „Straße von Malakka".

ÜBER DIE HANDELSWEGE kommen *WAREN* – und der ISLAM

1406

VIETNAM

Unter dem Vorwand, einen Thronstreit beenden zu wollen, überschreiten 200 000 chinesische Soldaten die Grenze zu Dai Viet und erobern das Land. Doch der Plan, es dauerhaft in das Kaiserreich einzugliedern, scheitert. Eine Koalition einheimischer Clans unter Führung des reichen Landbesitzers Le Loi wendet sich ab 1418 gegen die Invasoren. Teils mit Guerillamethoden gelingt es den Vietnamesen, die Chinesen zum Abzug zu zwingen. Le Loi wird 1428 neuer Herrscher von Dai Viet und begründet eine mehr als drei Jahrhunderte regierende Kaiserdynastie.

1431

KAMBODSCHA

Ein Heer aus Ayutthaya verwüstet die Khmer-Kapitale Angkor. Es ist der Endpunkt im Niedergang des Imperiums, der bereits im 13. Jahrhundert eingesetzt hat: Erstarkende Thai-Fürsten bedrängen die Khmer im Norden und Westen. Vermutlich tragen auch Dürren, gefolgt von heftigen Monsunfällen, zum Ende Angkors bei.

1448

THAILAND

König Trailok besteigt den Thron in Ayutthaya und beginnt bald, die Verwaltung des Reiches zu ordnen. Unter anderem erlässt er Gesetze, die jedem Einwohner einen festen gesellschaftlichen Rang zuweisen, der jeweils mit einem Zahlenwert verbunden ist. Hohe Beamte etwa besitzen einen numerischen Status von bis zu 3000, Bauern dagegen nur bis 25. Durch besondere Leistungen, etwa im Militärdienst, können auch Menschen aus den unteren Rängen einen höheren Wert erlangen.

1511

MALAYSIA/INDONESIEN

Mit der Eroberung Malakkas durch eine portugiesische Flotte entsteht der erste Stützpunkt von Europäern in Südostasien. Im Folgejahr erreichen die Portugiesen ihr eigentliches Ziel: die Molukken. Auf den Inseln westlich von Neuguinea wachsen Muskatnuss- und Nelkenbäume, Quelle für Gewürze, die hohe Preise in Europa erzielen. Die Portugiesen wollen den Handel damit kontrollieren und errichten Kontore in Malakka und auf den Molukken. Über die nächsten 450 Jahre werden Europäer die Geschichte Südostasiens entscheidend mitprägen.

1527

INDONESIEN

Machtkämpfe am Hof haben Majapahit erschöpft. Der Sultan des nordjavanischen Demak nutzt die Schwäche für einen Vernichtungsschlag gegen die Kapitale. Die überlebenden Mitglieder des Herrscherhauses fliehen nach Bali, wohin sie ihren hinduistisch geprägten

STOLZE GESCHICHTE

König Setthathirat bewahrt seinem Reich von Lan Xang um 1560 die Unabhängigkeit und stiftet eines der wichtigsten buddhistischen Klöster des späteren Laos (Tür des Gebäudes)

Glauben mitnehmen. Auch dem Einfluss dieser neuen Elite ist es wohl zu verdanken, dass sich auf Bali – als einziger Gegend Südostasiens – der Hinduismus als Mehrheitsreligion bis in die Gegenwart hält.

1546

INDONESIEN

Der Jesuit Francisco Javier erreicht die Molukkeninsel Ambon, er soll die Einheimischen im Auftrag des Königs von Portugal in dessen asiatischen Besitzungen zum Christentum bekehren. Javier verfasst auf Ambon die erste Bibelübersetzung ins Malaiische. Wie später den Spaniern geht es den Portugiesen in Südostasien nicht nur um Handelsinteressen, sondern auch um die mitunter rücksichtslose Verbreitung des katholischen Glaubens.

um 1550

MYANMAR

Die Taungu-Dynastie unterwirft das Mon-Reich von Pegu im Süden und das birmanische Ava-Reich, die sich nach dem Niedergang von Pagan gebildet hatten. Für ihre Eroberungen nutzen die Taungu-Könige, wie auch andere südostasiatische Fürsten jener Zeit, die Dienste portugiesischer Söldner mit ihren modernen Feuerwaffen.

1565

PHILIPPINEN

Der Konquistador Miguel López de Legazpi landet mit einer Flotte vor den Philippinen und nimmt sie für Spaniens Krone in Besitz. Der dünn besiedelte Archipel ist seit Jahrhunderten ein Umschlagplatz für Waren aus China, wie Seide und Porzellan. Die Spanier tauschen diese Güter dort nun gegen Silber aus ihren Kolonien in Amerika. Die Verwaltung der Philippinen obliegt zumeist spanischen Geistlichen, die zugleich missionieren. Ein Großteil der Einheimischen nimmt bald den neuen Glauben an, den sie jedoch mit alten Traditionen verbinden, etwa die christliche Heiligenverehrung mit dem Ahnenkult. Noch heute existiert im philippinischen Archipel die größte christliche Gemeinde Südostasiens.

1605

INDONESIEN/MALAYSIA

Eine Flotte der niederländischen Handelsgesellschaft „Vereenigde Oostindische Compagnie“ (VOC) vertreibt die Portugiesen von den Molukken, um dem europäischen Konkurrenten den lukrativen Gewürzhandel abzunehmen. 1641 verliert Portugal auch Malakka an die VOC. Der Verlust ihrer wichtigsten Handelsstützpunkte lässt den Einfluss der Portugiesen in Südostasien stark schwinden. Einzig ein Teil der Insel Timor bleibt bis ins 20. Jahrhundert unter portugiesischer Verwaltung.

1611

THAILAND

Auf der Malaiischen Halbinsel empfängt die Herrscherin von Patani den Fürsten eines Nachbarstaates, um eine Hochzeit zwischen den Familien zu arrangieren. Mehr als 60 Jahre lang wird das muslimische Sultanat Patani ab 1584 von Fürstinnen regiert. In Südostasien genießen Frauen über weite Phasen der Geschichte eine den Männern oft nahezu gleichberechtigte Stellung – die mancherorts auch nach dem Einzug des Islam erhalten bleibt.

1619

INDONESIEN

Truppen der niederländischen VOC zerstören die Siedlung Jayakarta im Westen Javas; an deren Stelle erbaut die Kompanie ihren Hauptsitz in Südostasien, die von Mauern geschützte Stadt Batavia. Innerhalb weniger Jahrzehnte steigt die VOC zur bedeutendsten europäischen Macht in der Region auf und sichert dabei Profit und Macht immer wieder skrupellos mit Waffengewalt.

1620

VIETNAM

Im Süden von Dai Viet (zu dem inzwischen auch das Gebiet der früheren Cham-Reiche gehört) stellt ein lokaler Machthaber seine Tributzahlungen an den Kaiserhof ein und erklärt damit seine Abspaltung. Der im Norden herrschende Clan (dem der Kaiser nur als Marionette dient) versucht zwar in den folgenden Jahrzehnten mehrfach, mit Kriegszügen die Einheit des Reiches wiederherzustellen, muss aber im Jahr 1672 die faktische Zweiteilung anerkennen. Phu Xuan (später Hue genannt) wird zur neuen Hauptstadt des Südens.

1673

INDONESIEN

Laut einer Volkszählung leben innerhalb der Mauern Batavias 13 278 Sklaven. Die Niederländer haben sie zumeist von lokalen Machthabern im Archipel erworben, etwa von balinesischen Fürsten, die Kriegsgefangene und verurteilte Straftäter verkaufen. Menschenraub, Verschleppung und Sklavenhandel sind in der Inselwelt weit verbreitet, auch säumige Schuldner können in Unfreiheit geraten.

1752

MYANMAR

Die Taungu-Dynastie wird abgesetzt, nachdem Truppen eines Reiches, das sich im Süden vom birmanischen Königreich abgespalten hat, die Hauptstadt erobern. Schon bald aber schwingt sich ein lokaler Fürst zum neuen König auf, zerschlägt 1757 das südliche Rivalenreich und begründet die Konbaung-Dynastie, die in der Folge ihr Territorium durch Eroberungszüge im Norden noch erweitern kann.

1767

THAILAND

Ayutthaya, das Zentrum des Thai-Reiches, fällt nach mehr als einem Jahr Belagerung durch eine Streitmacht des Konbaung-Königs von Birma. Die Sieger verwüsten die Stadt und verschleppen mehr als 30 000 Einwohner. Ayutthaya und die von ihm abhängigen Gebiete fügen sie ihrer Herrschaft hinzu. Doch schon bald danach gelingt es Taksin, einem ehemaligen Offizier aus dem Heer Ayutthayas, weite Teile des alten Reiches zurückzuerobern und sich selbst zum König auszurufen.

1771

VIETNAM

Im Südreich von Dai Viet entfachen drei Brüder eine Rebellion gegen den herrschenden Clan, der 1774 vertrieben wird. In der Folge erobern die Brüder das weiter südlich gelegene Gebiet des Mekong-Deltas und erringen 1786 auch die Macht im Norden. Zwei Jahre später ruft sich einer der Brüder zum Kaiser des Gesamtreichs aus.

1782

PHILIPPINEN

In dem Archipel zwingt die spanische Obrigkeit Einheimische zum Anbau von Tabak. Die Maßnahme folgt einem königlichen Erlass, der zudem verfügt, dass sämtlicher auf den Philippinen angebauter Tabak an die Spanier geliefert werden muss. Die Bauern erhalten dafür nur sehr geringen Ausgleich. Der Export von Genussmitteln wie Tabak, Kaffee oder Zucker nach Europa wirft in ganz Südostasien mittlerweile mehr Gewinn ab als der Gewürzhandel. Vielerorts verdrängen darum nach und nach die Felder und Plantagen der Kolonialwirtschaft einst weitläufige Wälder. Die Philippinen etwa verlieren im Laufe des 19. Jahrhunderts 70 Prozent ihrer Waldfläche.

THAILAND

Gegen den nach Berichten seiner Gegner geistig verwirrten und despotisch regierenden König Taksin bricht eine Rebellion aus. Ein mächtiger General lässt den Monarchen schließlich verhaften und am 6. April hinrichten. Der posthum Rama I. genannte Militärführer besteigt kurz darauf selbst den Thron und gründet eine neue Hauptstadt auf dem Areal des Fischerdorfs Bangkok. Die von Rama I. begründete Chakri-Dynastie regiert bis heute. König Mongkut, der ab 1851 herrscht, gibt dem Reich in offiziellen Dokumenten jenen Namen, den bis dahin überwiegend Europäer verwendet haben und dessen genauer Ursprung umstritten ist: Siam.

1784

In einem Friedensvertrag, der einen britisch-niederländischen

ANKUNFT DES CHRISTENTUMS
Um 1500 errichten Portugiesen einen ersten Stützpunkt in Südostasien. Mit der Kolonialisierung durch die Europäer verbreitet sich auch deren Glaube (Marienfigur, Philippinen)

Krieg beendet, müssen die unterlegenen Niederlande zusichern, britische Schiffe nicht mehr am Zugang zum südostasiatischen Archipel zu hindern. Die Konkurrenz britischer Händler schwächt die ohnehin von Korruption und Schulden belastete VOC. 1799 löst die Kompanie sich auf, Schulden und Besitz der Handelsgesellschaft übernimmt der niederländische Staat.

1802

VIETNAM

Einem Mitglied des zwei Jahrzehnte zuvor entmachteten Herrscherclans im Süden von Dai Viet ist es gelungen, vom Mekong-Delta aus das gesamte vietnamesische Reich zu erobern und die amtierende Herrscherfamilie zu stürzen. Als Gia Long ruft er sich zum neuen Kaiser aus; 1804 erhält sein Reich erstmals den offiziellen Namen „Viet Nam".

1819

SINGAPUR

Der Sultan von Johore überlässt der britischen „East India Company" das Eiland Singapur vor der Südspitze der Malaiischen Halbinsel. Der Herrscher erhält dafür eine jährliche Pachtzahlung, zudem die Unterstützung der Briten gegen Thronrivalen. Die Kompanie gründet auf der Insel einen Handelshafen, der sich bald zu einem der bedeutsamsten Warenumschlagplätze Südostasiens entwickelt.

1825

INDONESIEN

Unter Führung des Prinzen Diponegoro bricht auf Java ein Aufstand gegen die niederländische Oberherrschaft aus. Die Niederländer haben sich im Jahrhundert zuvor die Kontrolle über einen Großteil der Insel gesichert, unter anderem indem sie bei Thronstreitigkeiten ihnen ergebene Kandidaten unterstützten. Fünf Jahre tobt nun ein Guerillakrieg, der nach Schätzungen rund 200 000 Todesopfer unter der Bevölkerung fordert. Die Niederländer können die Rebellion schließlich niederschlagen und Diponegoro gefangen nehmen. Immer wieder versuchen Einheimische in Südostasien, die europäischen Mächte aus ihrer Heimat zu vertreiben, etwa auf Sumatra, den Molukken oder den Philippinen.

1828

LAOS

Siamesische Truppen verwüsten auf einer Strafexpedition Vientiane, eines von drei Königreichen auf dem Gebiet des späteren Laos. Niedergedrückt von den siamesischen Tributforderungen, hatte sich das Vasallenreich zuvor von der Oberhoheit Bangkoks losgesagt.

THEATER FÜR DAS VOLK

Mit Schattenspielfiguren wie dieser aus Leder, Holz und Farbe erzählen kunstfertige Puppenspieler die großen hinduistischen Epen, etwa das »Ramayana« (Indonesien, um 1900)

GANZE KÖNIGREICHE fallen *EUROPAS MÄCHTEN* zum OPFER

1841

BRUNEI
Der britische Abenteurer James Brooke hilft dem Sultan von Brunei dabei, einen Aufstand niederzuschlagen. Als Gegenleistung überlässt der Sultan Brooke ein Territorium am Fluss Sarawak, im Nordwesten Borneos. Der Brite gründet dort das Königreich Sarawak; 1888 wird das Territorium, zuletzt etwa so groß wie das heutige Griechenland, britisches Protektorat, 1946 dann eine Kronkolonie des Empire.

1848

MALAYSIA
Im Süden der Malaiischen Halbinsel werden reiche Zinnvorkommen entdeckt. Ihr Abbau deckt in den folgenden Jahrzehnten einen Teil der weltweiten Nachfrage nach dem Metall, die durch die sich beschleunigende Industrielle Revolution stark zunimmt. Südostasien liefert neben Zinn noch weitere Rohstoffe für die Fabriken der Welt, etwa Kautschuk, das ab 1915 das wichtigste Exportgut der Malaiischen Halbinsel wird. Von dem Geschäft mit den Rohstoffen profitieren vor allem die europäischen Kolonialherren, aber auch einheimische Großgrundbesitzer.

1855

THAILAND
Das Königreich Siam schließt mit Großbritannien ein Abkommen, das britischen Händlern unter anderem Zugang zu sämtlichen Häfen des Reiches garantiert und Handelsmonopole der siamesischen Krone aufhebt. Mit diesen weitreichenden Zugeständnissen hofft König Rama IV., einen militärischen Konflikt mit London zu vermeiden. Erst kurz zuvor haben die Briten ihrem Empire den Süden des benachbarten birmanischen Reichs der Konbaung-Dynastie einverleibt.

1862

VIETNAM
Der Kaiser muss das Gebiet um das Mekong-Delta im Süden seines Reiches an Frankreich abtreten. Vier Jahre zuvor sind französische Truppen mit Kriegsschiffen an Vietnams Küste gelandet, vorgeblich, um die Verfolgung von Christen zu beenden, tatsächlich aber sollten sie Frankreich einen ersten kolonialen Besitz in Südostasien verschaffen. Bis 1893 fügen die Franzosen nicht nur ganz Vietnam, sondern auch die Nachbarländer Kambodscha und Laos ihrer „Indochinesischen Union" hinzu.

1873

THAILAND
König Chulalongkorn, bislang unter der Vormundschaft eines konservativen Regenten, wird volljährig und beginnt damit, ein ehrgeiziges Reformprogramm umzusetzen. So schafft der junge Monarch in seinem Reich sogleich die Sklaverei ab und verwirft die Tradition, dass alle Untertanen sich vor dem Herrscher niederzuwerfen haben. Nach dem Vorbild europäischer Staaten zentralisiert er in den folgenden Jahrzehnten die Verwaltung und schafft unter anderem Ministerämter mit festen Ressorts. Durch den Bau von Bahntrassen modernisiert er zudem die Infrastruktur. Der König will sein Reich so auch gegen Übergriffe der europäischen Mächte wappnen.

1874

MALAYSIA
In Perak auf der Malaiischen Halbinsel gelangt mit Hilfe der Briten ein neuer Sultan auf den Thron. Im Gegenzug akzeptiert der Herrscher die britische Oberhoheit über sein

WEGE ZUR ERLEUCHTUNG
Prinz Siddhartha Gautama zieht aus, um Buddha zu werden (Gemälde, Thailand). Nach der von ihm begründeten Lehre sind gute Taten für eine bessere Wiedergeburt unabdingbar

Reich. Nach ähnlichem Muster übernehmen die Briten bis 1914 die Macht im gesamten Süden der Malaiischen Halbinsel. Sie wollen vor allem die Zinnvorkommen in der Region kontrollieren.

1877

MALAYSIA/SINGAPUR

In den britischen Kronkolonien im Bereich der Malaiischen Halbinsel – Penang, Malakka und Singapur – ist fortan eine eigene Behörde, das „Chinese Protectorate", zuständig für alle Belange der chinesischen Bevölkerung. In Singapur sind mehr als die Hälfte der Einwohner Chinesen, die meisten von ihnen Arbeitsmigranten. Kolonialherren und einheimische Machthaber setzen auf die Einwanderer, um Zinn abzubauen oder Plantagen zu bewirtschaften. Viele bleiben dauerhaft als Handwerker oder Unternehmer und prägen so die Gesellschaft Südostasiens mit.

1885

MYANMAR

Nachdem die herrschenden Konbaung-Könige infolge zweier verlorener Kriege bereits den Süden ihres Reiches an die Briten abtreten mussten, überrennt nun ein britisches Heer mit 10 000 Mann auch den Norden Birmas. Nach nur zwei Wochen Kampf kapituliert der König gegen die mit modernsten Waffen ausgerüsteten Gegner. Die Briten schicken den Herrscher ins Exil und fügen sein Reich als Provinz Burma Britisch-Indien hinzu.

AHNENKULT
Auf der Insel Timor ehrt man mit Masken wie dieser die Verstorbenen

1896

PHILIPPINEN

Mit dem Angriff von Anhängern der Nationalbewegung Katipunan auf Polizeistationen und Kirchen in der Nähe von Manila, dem Sitz der spanischen Kolonialregierung, beginnt der philippinische Unabhängigkeitskampf. Angeführt wird er unter anderem von Mitgliedern der Mestizo-Elite, die gemischte einheimische und auswärtige Wurzeln hat, wie dem Kommunalpolitiker Emilio Aguinaldo. Die Aufständischen können zunächst einige Siege erringen, doch 1897 drängen die spanischen Truppen sie zum Rückzug in die Berge. Aguinaldo geht ins Exil nach Hongkong.

1898

PHILIPPINEN

Als zwischen den USA und Spanien auf Kuba ein Krieg ausbricht, greifen die Kämpfe schnell auch auf die Philippinen über. Emilio Aguinaldo, den amerikanische Streitkräfte aus dem Exil in Hongkong auf die Philippinen zurückbringen, erhofft sich von der demokratischen US-Regierung Unterstützung für die Unabhängigkeit seiner Heimat. Doch seine Hoffnung wird enttäuscht: Nach ihrem Sieg kaufen die USA den Archipel für 20 Millionen US-Dollar von Spanien. Gegen die amerikanischen Kolonialherren, die damit erstmals auch in Südostasien herrschen, erheben die Einheimischen sich nun ebenfalls, doch Washington schlägt den Aufstand bis 1902 brutal nieder.

1899

VIETNAM

Im Auftrag der französischen Kolonialregierung legen einheimische Zwangsarbeiter nahe Hanoi die ersten Gleise einer Bahnlinie, die bis Saigon führen und damit den Norden mit dem Süden des Landes verbinden soll. Tausende Menschen sterben bis zur Vollendung der 1700 Kilometer langen Strecke im Jahr 1936 bei den Bauarbeiten. Auch in anderen Kolonien lassen die Europäer Straßen, Häfen und Bahnstrecken anlegen, die ihnen die Ausbeutung der Ressourcen erleichtern.

1903

INDONESIEN

Im Norden Sumatras endet nach 40 Jahren der Krieg um das bis dahin unabhängige Sultanat von Aceh mit der Niederlage der Einheimischen gegen die Niederländer. Fast ganz Südostasien steht damit unter direkter oder indirekter Kontrolle westlicher Kolonialmächte. Nur Siam behält (unter erheblichen territorialen Einbußen) seine Eigenständigkeit, es dient Briten und Franzosen als Pufferzone zwischen ihren Besitzungen. Aus den oft locker gefügten, von persönlichen Abhängigkeitsverhältnissen gegenüber den Herrschern geprägten vormaligen Reichen formen die europäischen Machthaber zentralisierte Kolonialstaaten mit festen Grenzen. Viele Einheimische kollaborieren mit den Kolonialherren, erhalten dafür etwa Posten in der Verwaltung. Doch die Masse jener, die unter politischer Verfolgung, hohen Steuern oder Zwangsarbeit leiden, lehnt die Fremdherrschaft ab.

1932

THAILAND

Während das Land schwer unter der Weltwirtschaftskrise leidet, putschen Offiziere und Beamte am 24. Juni gegen den ihrer Ansicht nach überforderten jungen König Prajadhipok und erlassen erstmals eine Verfassung: Der zuvor absolut herrschende Monarch soll sich fortan den Beschlüssen von Volksvertretern beugen. Tatsächlich jedoch dominieren in der Folgezeit Generäle die Regierung, die demokratischen Kräfte können sich nicht dauerhaft durchsetzen. Im Jahr 1939 betreibt ein Militärführer, in dem Bestreben einen Staat der Thai-Völker zu schaffen, die Umbenennung Siams in Thailand – eine gewollte Brüskierung der großen Zahl Chinesischstämmiger im Land.

1940

VIETNAM

Mit dem Einmarsch einer japanischen Invasionsarmee in der französischen Kolonie Indochina erreicht im September der Zweite Weltkrieg Südostasien. Die Japaner nutzen aus, dass sich Frankreich zuvor in Europa dem Deutschen Reich ergeben hat. Tokyo, kurz darauf mit Berlin verbündet, besetzt bis Mitte 1942 auch die britischen Besitzungen in Birma, auf der Malaiischen Halbinsel und auf Borneo sowie Niederländisch-Indien und die US-amerikanischen Philippinen – und erobert damit fast ganz Südostasien. Nur Thailand entgeht einer Invasion, indem es den Japanern seine Unterstützung gegen die Westmächte zusagt.

1945

Am 15. August wendet sich der japanische Kaiser in einer Radioansprache an seine Untertanen und verkündet die bedingungslose Kapitulation. Ab 1942 hatten alliierte Truppen Japans Vorherrschaft in Südostasien immer weiter zurückgedrängt. Dem Zweiten Weltkrieg und seinen Folgen sind in der Region mehrere Millionen Menschen zum Opfer gefallen. Den durch den Krieg geschwächten Kolonialmächten gelingt es auch nach dem Abzug der Japaner nicht, ihre Regime dauerhaft wieder zu errichten. 1946 erlangen die Philippinen als erste Kolonie Südostasiens ihre Unabhängigkeit, bis 1957 folgen die meisten Staaten der Region.

INDONESIEN

Am 17. August ruft Sukarno, der Gründer der „Partai Nasional Indonesia", in Batavia (ab 1949 Jakarta) die souveräne Republik Indonesien aus, deren erster Präsident er wird. Doch die niederländische Kolonialmacht ist nicht bereit, ihre Besitzung freizugeben. Erst vier Jahre später verzichten die Niederländer auf ihre Ansprüche, nach blutigen Kämpfen und auf Druck der USA. Denn Südostasien wird nun ein Schauplatz des Kalten Krieges zwischen den Vereinigten Staaten und der kommunistischen Sowjetunion, die jeweils ihnen genehme Regierungen stützen und oft auch autoritäre Regime fördern, solange sie als nützliche Verbündete gelten.

1947

MYANMAR

Bei der ersten Wahl zur Nationalversammlung für einen unabhängigen Staat Birma (ab 1989 Myanmar) erhält die „Antifaschistische Freiheitsliga des Volkes" (AFPFL) fast alle Sitze. Die linke Partei bestimmt die Politik der Frühphase des Landes – und muss bereits in den ersten Jahren eine Rebellion der Minderheit der Karen bekämpfen, die einen eigenen Staat anstreben. Auch in anderen ehemaligen Kolonien prägen ethnische Konflikte die jungen Staatswesen, etwa in den 1960er Jahren in Malaysia, wo die Verfassung die muslimischen Malaien privilegiert, die etwa die Hälfte der Bevölkerung stellen.

1965

VIETNAM

Nahe der vietnamesischen Hafenstadt Da Nang landet die erste offizielle US-Kampfeinheit im Konflikt um Vietnam. Bereits 1945 hatte der Kommunist Ho Chi Minh die Demokratische Republik Vietnam ausgerufen. Daraufhin kam es zu Kämpfen zwischen von Ho geführten Truppen und der ehemaligen französischen Kolonialmacht. Sie endeten 1954 mit dem schrittweisen Rückzug Frankreichs und einer Zweiteilung Vietnams: Ho herrscht seither im Norden, während im Süden ein von den USA gestütztes Regime regiert, gegen das sich inzwischen ebenfalls Rebellen erhoben haben. Washington hat zuvor bereits Waffen und Militärberater in den Süden geschickt, nun engagieren die USA sich zunehmend in einem offenen Krieg gegen die Aufständischen und das von Moskau und Beijing geförderte Nordvietnam. Die Kampfhandlungen greifen schließlich auch auf die Nachbarstaaten Laos und Kambodscha über. Doch trotz ihres massiven militärischen Einsatzes gelingt es den USA nicht, die Guerillakämpfer des Gegners zu besiegen. 1973 unterschreiben die Kriegsparteien einen Waffenstillstand. Zwei Jahre darauf überrennen Truppen aus dem Norden Südvietnam. Damit endet der verheerendste Konflikt der vietnamesischen Geschichte: Laut Schätzungen hat der Krieg mehr als zwei Millionen Menschen das Leben gekostet, Bomben und chemische Kampfstoffe der

GEPFLEGTER RAUSCH
Selbst Ausländer übernehmen die in Südostasien verbreitete Sitte, zerhackte Betelnüsse mit gelöschtem Kalk, Gewürzen oder auch Tabak in ein spezielles Blatt zu wickeln und zu kauen – mit ähnlicher Wirkung wie Alkohol. Diese Betelnusszange gehörte vermutlich einem reichen Niederländer (Siam, um 1700)

EIN NEUER BUND soll der *REGION* den Fortschritt BRINGEN

USA haben weite Teile des Landes zerstört.

INDONESIEN
Nach einem angeblich kommunistischen Putschversuch geht der General Suharto unerbittlich gegen Oppositionelle vor. Über Monate töten Soldaten, unterstützt von Bürgermilizen, schätzungsweise eine halbe Million tatsächliche und vermeintliche Kommunisten. Nach dieser Gewaltaktion wählt das Parlament Suharto 1968 zum neuen Präsidenten. Er bleibt bis 1998 im Amt und führt Indonesien zu wirtschaftlicher Blüte, zugleich aber prägen seine Regierungszeit politische Unterdrückung und Korruption.

1967

THAILAND
In Bangkok gründen Vertreter Thailands, Malaysias, Singapurs, Indonesiens und der Philippinen die „Association of Southeast Asian Nations“ (ASEAN).

Die Staaten reagieren damit auf die Destabilisierung der Region durch den Vietnamkrieg. Der Bund soll die wirtschaftliche Zusammenarbeit und den gesellschaftlichen Fortschritt in Südostasien fördern und dabei auch den Einfluss der kommunistischen Regime Chinas und der Sowjetunion in der Region zurückdrängen.

1975

KAMBODSCHA
Die maoistischen Rebellen der Roten Khmer stürzen ein fünf Jahre zuvor mit westlicher Unterstützung installiertes Regime und übernehmen die Macht. Der neue Regierungschef Pol Pot beginnt bald einen ideologisch begründeten Vernichtungskrieg gegen die eigene Bevölkerung: Hunderttausende angebliche „Reaktionäre“ werden exekutiert, harte Zwangsarbeit und Hunger kosten weitere Hunderttausende das Leben. Schätzungsweise 2,2 Millionen Todesopfer fordert das Pol-Pot-Regime, ehe vietnamesische Truppen es im Januar 1979 absetzen.

1995

VIETNAM
Das kommunistische Vietnam tritt dem einst antikommunistischen ASEAN-Bündnis bei.

Knapp vier Jahre zuvor hatte der Zusammenbruch der Sowjetunion den Kalten Krieg beendet, der in keiner Weltregion so hitzig ausgefochten wurde wie in Südostasien. Durch Stellvertreterkriege, Aufstände und Vernichtungskampagnen beider Seiten kostete der Systemkampf dort bis zu sieben Millionen Menschen das Leben.

Mit dem Ende des Kalten Krieges beginnt in Südostasien eine Phase der Demokratisierung. Bereits 1986 haben Massendemonstrationen auf den Philippinen den Despoten Ferdinand Marcos ins Exil in den USA getrieben. Die philippinische Protestbewegung wird zum Vorbild etwa für viele Indonesier, die den Diktator Suharto 1998 zum Rücktritt zwingen. Die Jahre nach 1990 sind zudem eine Zeit gewaltigen ökonomischen Wachstums. Viele Staaten öffnen vermehrt ihre Wirtschaft, das Geld ausländischer Investoren schafft neue, gut bezahlte Arbeitsplätze. Auch eine schwere Wirtschaftskrise 1997 kann den Aufschwung nicht dauerhaft stoppen.

Doch im 21. Jahrhundert – das für die Region mit dem opferreichen Tsunami von 2004 beginnt – steht Südostasien vor vielen alten und neuen Herausforderungen. Darunter fortgesetzte ethnische und religiöse Spannungen, aber auch der Klimawandel, der vor allem die Küstengebiete gefährdet und die Verteilung der Niederschläge massiv verändert, sowie die Wiederkehr autoritärer Regime. In Thailand etwa nutzt das Militär 2014 innere Unruhen für einen Putsch. In Myanmar schienen die über Jahrzehnte herrschenden Militärs zwischenzeitlich zu einem teilweisen Machtverzicht bereit, setzen jedoch seit Anfang 2021 ihren alleinigen Führungsanspruch wieder mit aller Härte durch. Zugleich schwelt im Südchinesischen Meer ein neuer Kalter Krieg: Die USA und China verstärken dort stetig ihre Militärpräsenz, unter anderem um sich den Zugriff auf die unter dem Meeresboden vermuteten reichen Öl- und Gasvorkommen zu sichern.

Wie die Staaten Südostasiens diese Herausforderungen überwinden werden, hängt auch von den jeweiligen Voraussetzungen ab: Denn immer noch kennzeichnet die Region vor allem ihre enorme Vielfalt, vom durch Hightech geprägten Stadtstaat Singapur bis zum immer noch sehr ländlichen Laos. Hoffnung über alle Grenzen hinweg setzen viele Beobachter in die Generation der unter 30-Jährigen, die mehr als die Hälfte der Bevölkerung ausmachen. Es sind die Jungen, die den Protest gegen die Regime in Thailand und Myanmar tragen – und vielleicht werden sie es sein, die bereit sind, jenseits von ethnischen und religiösen Klüften Lösungen zu suchen. ◊

Zum Herausnehmen: ein Lesezeichen mit kurzen Länderporträts der elf heutigen Staaten Südostasiens.

DIE GOLDENE KUPPEL des Shwedagon-Heiligtums überragt die Stadt Yangon in Myanmar. Und kündet von der Bedeutung des Buddhismus für viele Menschen in Südostasien

FRAUEN sind in der Inselwelt gleichberechtigt. Der Kampf aber ist Männersache

TEXT: *Mathias Mesenhöller*

DER REIZ DER NELKEN

Der seit Jahrhunderten florierende Handel mit Gewürznelken lässt zwei Inselreiche im Archipel Maluku – auch Molukken genannt – zu großer Machtfülle gelangen. Und so stoßen die Europäer dort bei ihrer Ankunft im Jahr 1512 auf stolze Kulturen

DIE MÄNNER Malukus – hier ein bewaffneter Krieger – gehen regelmäßig auf Kopfjagd

MALUKU mit dem Eiland Tidore (hier im Bild »Tadore«) ist die einzige Region der Erde, wo der Gewürznelkenbaum (unten) gedeiht. Die Inselkarten stammen aus einer Handschrift mit dem Reisebericht des Italieners Antonio Pigafetta, der von 1519 bis 1522 mit der Flotte Magellans den Globus umrundet

Einer der gewaltigsten Höhenzüge der Erde ist es – und doch kaum zu sehen: Seine Sockel und Flanken verbergen sich Tausende Meter unter dem Meer. Nur knapp 400 Gipfel und Plateaus durchstoßen die Wasseroberfläche, ragen als Inseln aus der See. Manche viele Hundert Meter hoch.

DIE GETROCKNETEN Blütenknospen des Nelkenbaums haben ein einzigartiges Aroma, ihr Öl lindert Zahnschmerzen

Oft verhängt Nebel die Eilande weit im Osten des heutigen Indonesien, einige Grad nördlich und südlich des Äquators gelegen. Oder Rauch von den Vulkanen, die das Gebirge mitten im Ozean einst aufgeworfen haben und teils weiterhin aktiv sind. Dennoch ist der Fels längst von einer fruchtbaren Krume überzogen, von dichtem Wald. Fischreiche Buchten und tückische Riffe umgeben die grünen Höhen im klaren Ozean.

Das ist die geheimnisvolle Welt von Maluku. Jene Inselwelt, deren Namen Europäer dereinst zu „Molukken" verdrehen werden – nachdem sie lange und mit großer Entschlossenheit nach ihr gesucht haben.

EINHEIMISCHE ernten Früchte des Muskatnussbaums. Die aus deren Kernen gewonnenen Gewürze erzielen wie die Nelken in Europa höchste Preise

Denn auf den Lavakegeln wächst eine seltene Pflanze. Ein unscheinbarer, ausgewachsen rund zehn Meter hoher und mannsdicker Baum, dessen Blätter an Lorbeer erinnern, die Blüten an Seeanemonen. Bevor sie sich öffnen, färben sich die Knospen erst grün, dann rötlich – und entwickeln ein zugleich liebliches und scharfes, unvergleichlich intensives Aroma. Getrocknet und haltbar gemacht, erinnern die Blütenknospen an kleine, braune Nägel. Daher ihr Name im Deutschen: Nelken, von althochdeutsch *nagelken*, Nägelchen.

Bereits im 2. Jahrtausend v. Chr. kennen Angehörige der Hochkulturen Mesopotamiens Nelken. Die Ägypter der Pharaonenzeit nutzen sie bei der Mumifizierung von betuchten Verstorbenen; in China übertönen die Höflinge um 200 v. Chr. mit Nelken in der Backe ihren Mundgeruch. Wohl um die Zeitenwende erreicht das schwere Gewürz die Küchen des Römischen Reiches. Während Indiens Oberschichten die Nelke auch als Zutat erlesener Parfüms, Räuchermischungen, Öle und Pasten schätzen.

In Maluku ahnen die Menschen von all dem nichts oder wenig. Sie selbst nutzen die Früchte des Nelkenbaums als Speise, und aus den Blütenknospen stellen sie womöglich eine Art Salböl her, kauen die Nelken wohl vor allem zusammen mit aufputschenden Betelnüssen – oder geben sie ab an vorbeiziehende Kauffahrer, etwa gegen Kupfer oder Gold.

Für viele Jahrhunderte ist das ein regelmäßiges, wenn auch kein allzu bedeutendes Tauschgeschäft. Bis die Händler zur Zeit des europäischen Mittelalters öfter kommen. An verschiedenen Orten der Welt wachsen Bevölkerung und Wohlstand, der Austausch zwischen den Kulturen nimmt zu, mit ihm das Verlangen nach exotischem Luxus. Unter anderem nach Nelken.

Und so werden die kleinen aromatischen Stäbchen zu einem Treibsatz jenes epochalen Umbruchs, der schließlich auch die Welt von Maluku verändert: Kurz nach 1500 tauchen in Südostasien Schiffe auf, wie sie hier noch niemand gesehen hat. Sie sind robust und sturmfest, angetrieben von einer raffinierten Kombination aus unterschiedlichen Segeln, bewaffnet mit schweren und leichten Geschützen.

Es sind Portugiesen, die auf der Jagd nach Gewürzen und anderen Schätzen die halbe Welt umrundet haben. Die ersten von vielen Tausend europäischen Seefahrern, Kaufleuten und Soldaten, die im Lauf der folgenden Jahrzehnte und Jahrhunderte Südostasien aufsuchen werden, Kolonien gründen, die Region für immer prägen.

Im Moment des ersten Kontakts freilich ist diese Zukunft noch offen, ja nicht einmal naheliegend. Die Europäer stoßen auf selbstbewusste Kulturen mit langer Geschichte, die ihre Geschicke eigenständig gestalten, Machtkämpfe austragen, sich weiterentwickeln.

So auch, als die Portugiesen 1512 Maluku erreichen. Der eine oder die andere unter den Inselbewohnern mag sorgenvoll, gar eingeschüchtert auf die fremden Männer mit ihren eisernen Rüstungen und krachenden Gewehren blicken. Doch zugleich heißen wichtige Anführer die Ankömmlinge als mögliche Geschäfts- und Bündnispartner willkommen, erhoffen sich eigene Vorteile von ihnen.

An dem einsetzenden dramatischen Wandel sind viele Einheimische massiv beteiligt, tragen ihn mit, profitieren von ihm. Andere

KANEEL en NOOT

DIE HERRSCHER der beiden Nelkeninseln Ternate (hier »Tarenate«) und Tidore sind Nachbarn – und Rivalen

von ihnen kommen zu Schaden oder gehen unter.

Nur allmählich stellt sich heraus, wer zu den Gewinnern jenes Aufeinandertreffens gehört. Und wer zu den Verlierern.

Malukus Frühgeschichte liegt so tief im Dunkeln wie der unterseeische Sockel der Vulkaninseln. Gewiss ist, dass hier im Lauf der Jahrtausende ein ungewöhnlicher ökologischer Reichtum entsteht und dass sich eine große Vielfalt von Stämmen oder Clans niederlässt, die unterschiedlicher Abkunft und Sprache sind – die jedoch auch bestimmte Vorstellungen und Gebräuche teilen.

Denn die allgegenwärtige See trennt zwar das Leben auf der einen Insel von dem auf der anderen. Sie erlaubt es aber zugleich, weiträumig Handel zu treiben, zu wandern, Ideen auszutauschen. So kommt es, dass die Bewohner bei allen Unterschieden und Kriegen untereinander an eine mythische Einheit Malukus glauben. An Legenden und Geschichten, in denen die Insulaner als eine weitläufige Familie erscheinen, mit älteren und mächtigeren Mitgliedern, jüngeren, entfernteren, auch verfeindeten.

Dabei kennt Maluku weder klare Außengrenzen noch gemeinsame Herrscher. Sein geografisches Zentrum bildet die große, einem Seestern ähnlich geformte Insel Halmahera zwischen Sulawesi und Neuguinea ganz im Osten des heutigen Indonesien. Wie weit sich in dieser Region das mythische Zusammengehörigkeitsgefühl zu verschiedenen Zeiten erstreckt, wo es schwächer wird und schließlich erlischt, ist indes kaum mehr zu klären.

Ihren Alltag leben die Menschen in Hunderten überschaubaren Gemeinschaften, deren Geschicke örtliche Häuptlinge lenken. Die Autorität dieser Anführer hängt anscheinend davon ab, wie beliebt und respektiert sie sind. Erzwingen können sie wenig.

Die Dörfer wiederum ergänzen einander weiträumig. So jagen die Waldbewohner im Inneren der Inseln Papageien, Paradiesvögel und Kakadus um deren Federn willen, sammeln Baumharz und Wachs, Kanarinüsse, Bananen und verschiedene andere Früchte, schlagen Holz und Rattan. Ihre Überschüsse tauschen sie in den Küstensiedlungen gegen Meeresschnecken und Fisch, aber auch gegen Produkte, die vor allem im Küstenbereich der Inseln wachsen: Kokosnüsse, Knollen von Pflanzen wie Yams und Taro und vor allem Sago, ein aus dem Mark einer Palmenart gewonnenes, äußerst stärkehaltiges Mehl, das Grundnahrungsmittel der Inselwelt. In Ziegelform hart gebacken, ist es über Jahre haltbar.

Zwischen den Inseln wird ausgetauscht, was auf der einen besser gedeiht als auf einer anderen, außerdem Steine, Muschelarmreifen, Keramik, Stoffe. Salz kochen die Menschen aus Meerwasser; Öl, Palmwein und Essig lagern sie in dicken Bambusrohren; Ingwer machen sie haltbar, indem sie die Wurzelstöcke trocknen und mit Kalk behandeln.

AUCH INGWERGEWÄCHSE gedeihen auf den Inseln von Maluku. Die Einheimischen legen deren Wurzelstöcke in Kalk ein, um sie zu konservieren

EIN MYTHOS VEREINT ALLE INSELN

Die meisten dieser Güter, auch die pflanzlichen, sind fast jederzeit verfügbar; Jahreszeiten gibt es praktisch nicht. Zwar wechselt wie in ganz Südostasien der Monsun alle sechs Monate die Richtung. Doch es bleibt konstant warm, der Regen verteilt sich annähernd gleichmäßig über das Jahr. Und ähnlich gleichförmig mag auch die politische Geschichte Malukus verlaufen sein.

Irgendwann aber ändert sich etwas. Ein Wandel setzt ein, der nur aus späteren Legenden zu rekonstruieren ist. Sie erzählen von mythischen Herrschern, denen sich zahlreiche Dörfer unterstellen und die bald *kolano* genannt werden, etwa „Herr“ oder „König“. Oft ist von vier solcher Reiche die Rede, jedoch in unterschiedlicher Lage und Größe – vielleicht handelt es sich um eine symbolische, heilige Zahl.

Dass sich überhaupt Reiche bilden, steht hingegen fest, nicht aber der genaue Zeitpunkt. Vieles spricht für das 13. Jahrhundert, als sich der Warenaustausch zwischen dem Nahen Osten, Indien und China kräftig entfaltet, auch der Handel in Südostasien und im Malaiischen Archipel zunimmt.

MÜHSAM WIRD das Muskatblüte genannte Gewürz aus dem Samenmantel der Frucht des Muskatnussbaums (oben) gewonnen

Um 1300 dann blühen an der Nordküste Javas eine ganze Reihe Städte auf, die zum Ziel der Fernkaufleute werden; und im 15. Jahrhundert entwickelt sich Malakka auf der Malaiischen Halbinsel zu einem transkontinentalen Umschlagplatz (siehe Seite 54).

Immer öfter steuern Handelsschiffe von solchen Häfen aus auch Maluku an, gelockt von einer Laune der Evolution: eben von den Knospen des Gewürznelkenbaums, der auf den vulkanischen Hängen von fünf Inseln vor Halmahera gedeiht. Und praktisch nur dort.

Offenkundig ist es das begehrte Gewürz, das einigen Anführern bald zu Reichtum und Macht verhilft: Die jetzt entstehenden Reiche Malukus liegen auf Nelkeninseln oder in deren enger Nachbarschaft. Mithin löst wohl der Nelkenhandel eine schleichende Veränderung aus. Aus uralten Traditionen und neuen Impulsen entstehen jene Verhältnisse, auf die später die Europäer treffen werden.

Das Maluku des 15. Jahrhunderts kennt soziale Unterschiede, doch das Gefälle ist nicht allzu groß. Während die Mehrheit der Insulaner in Bambushütten mit gestampftem Untergrund und wenigen Möbeln lebt, stehen die Häuser der Vornehmen auf Pfählen und haben Fußböden aus Bambus, über die sich importierte Tücher, Teppiche und Lederkissen ausbreiten. Hinauf zum weit geöffneten Eingang führt eine Leiter, die nachts eingeholt wird; oft umschließt eine Bambushecke das Grundstück.

KRIEG IST HIER ALLGEGENWÄRTIG

Haus und Garten sowie das Sammeln von Früchten und Knollen im Wald gelten als Domäne der Frauen – Jagd, Krieg und schwere Arbeit als Männersache. Doch genießen beide Sphären gleiches Ansehen. Frauen besitzen eigenes Land, erhalten einen Teil des elterlichen Erbes, wählen ihre Partner selbst und können eine unglückliche Ehe umstandslos beenden. Sie tauschen oder verkaufen die Produkte des Haushalts auf dem Markt, handeln wohl auch größere Geschäfte aus.

Wichtige Entscheidungen bespricht die ganze Familie, einschließlich der Kinder ab einem bestimmten Alter, vielleicht von sechs oder sieben Jahren an. Erst wenn alle einverstanden sind, gilt der Beschluss. Oft werden solche Beratungen an den Gräbern der Vorfahren gehalten, um symbolisch auch diese einzubeziehen.

Derweil liegen die tonangebenden Siedlungen zumeist am Ufersaum. Ihre Bewohner legen jede nur mögliche Strecke über die See zurück: Besuche, Kriegszüge, Friedensverhandlungen – alles findet auf dem Wasserweg statt, und kaum ein Vergnügen ist so beliebt wie die Bootsrennen.

Der wichtigste Schiffstyp ist das *kora-kora*, ein bis zu 15 Meter langes Doppelauslegerboot, das sowohl ein Segel hat als auch Platz für rund 50 Männer mit Paddeln, außerdem noch für zwei Dutzend Krieger auf einer Art Oberdeck. Für den Rumpf werden Kiel, Spanten und Planken aus Holz mit Schnüren aus Pflanzenfasern fest miteinander verbunden, die Planken zudem passgenau durch Zapfen zusammengefügt.

Die Ausleger zu beiden Seiten, auf denen ein Teil der Paddler sitzt, sind aus Bambusrohrbündeln gefertigt. Vor allem schnell sollen die Boote sein – aber sie sind auch zerbrechlich. Deshalb halten die Besatzungen sich meist nah an der Küste, suchen bei aufziehendem Sturm sogleich Schutz an Land.

Für Fahrten über die offene, raue See nutzen die Insulaner größere, stabilere Boote, teils mit Platz für 200, 300 oder mehr Menschen. Doch bauen sie nie hohe, auf Stauraum ausgelegte Schiffe, etwa nach der Art chinesischer Dschunken oder arabischer Daus. Den Fernhandel überlassen sie Fremden, meist Javanern.

Denn Malukus Boote dienen dem Austausch innerhalb der Inselwelt. Und vor allem dem Krieg.

W

Wenn die Männer ihre Schwerter, Speere und Holzschilde greifen und die Kora-koras ins Meer schieben, um in den Kampf zu ziehen, dann jedoch selten, um Land zu erobern oder zu plündern. Sondern um Gefangene zu machen, die nach der Rückkehr feierlich geopfert oder noch an Ort und Stelle enthauptet werden, die Köpfe im Heimatdorf aufgestellt (manche Gefangene bleiben auch am Leben und werden als Sklaven verkauft). So beweisen sich die Krieger vor der Gemein-

TAPFERKEIT zeichnet die Krieger von Maluku aus. Denn wer mutig ist, erhöht zugleich sein Ansehen

schaft. Das vergossene Blut aber soll die jenseitigen Mächte besänftigen, die ewige Ordnung von Werden und Vergehen erhalten.

Doch nicht nur Tapferkeit und physische Stärke verleihen Ansehen. Ein Kolano als Anführer soll auch ein würdevoller, charismatischer Redner sein und ein spirituell begabter Weissager.

Wie auch immer er den Respekt seiner Leute erworben hat: Nach dem Tod eines Obersten trauern sie, indem sie für eine Zeit alles verkehrt herum machen. Die Männer tragen einen Kopfputz wie sonst die Frauen; die Boote fahren mit dem Heck voraus; die Menschen schleppen schwere Lasten unter dem Arm statt wie üblich auf der Schulter oder dem Rücken, rasieren sich das Haupt und die Augenbrauen. Dann bestimmt ein Rat einflussreicher Männer denjenigen aus der Sippe des Verstorbenen zum Nachfolger, der am besten geeignet scheint.

Daran ändert sich auch nichts, als die Kriegszüge der Kolanos über die Kopfjagd hinaus immer stärker auf den Erwerb und Erhalt äußerer Macht abzielen, auf die Hoheit über andere Inseln. Sind die Eroberungen erfolgreich, gestalten die Beteiligten die neuen Herrschaftsverhältnisse in einer hergebrachten Form: in der Form des rituellen Tausches.

Regelmäßig schicken die abhängigen Gemeinden dem Kolano einen Teil dessen, was sie erjagt und gesammelt, geerntet oder gefertigt haben, stellen ihm nicht zuletzt Frauen. Im Gegenzug verleiht der Herrscher Ämter und Ehrentitel, verteilt kostbare Importgüter wie eiserne Waffen, bronzene javanische Gongs, indische Baumwollstoffe, chinesisches Porzellan, Seide, Silber, Kupfer und andere Metalle, aber auch Reis, der auf den Inseln nur schlecht gedeiht. Die erforderlichen Waren liefern javanische und indische Händler, die dafür mit Nelken bezahlt werden.

Um 1450 ragen vermutlich zwei Herrscher unter den bedeutenden Häuptlingen hervor: die Kolanos von Ternate und Tidore. Beide Inseln liegen nur zwei Kilometer voneinander entfernt westlich vor Halmahera; beide Machthaber beanspruchen den Titel „Herr über Maluku“ und führen immer wieder Krieg gegeneinan-

der. Gleichwohl sind sie eng verbunden, beraten sich politisch bei Bedrohungen von außen. Und über Generationen geben die Herrscher von Tidore den Rivalen auf Ternate ihre Töchter zur Frau – Ternate ist mächtiger, dafür rangiert der „Brautgeber“ zeremoniell höher.

Das widersprüchliche Verhältnis der beiden entspricht womöglich einem traditionellen Bild vom Universum, demzufolge die Spannung gegensätzlicher Pole überhaupt erst Stabilität in die Welt bringt, ja sie erhält. Obwohl oder gerade weil sie rituell verfeindet sind, gelten Ternate und Tidore den Bewohnern der Inselwelt daher als die zwei gleichermaßen unverzichtbaren „Säulen von Maluku“.

Ebenfalls im Verlauf des 15. Jahrhunderts tragen die zumeist aus Java stammenden Fernhändler außer Waren und Gütern auch einen neuen Glauben nach Maluku, dem viele von ihnen selbst angehören: den Islam. Sowohl der Kolano von Ternate als auch der von Tidore übernehmen mitsamt ihren Höfen das Bekenntnis und nennen sich fortan Sultan.

ROT BLÜHT der Sandelholzbaum. Sein wohlriechendes Holz dient etwa als Parfüm oder Räucherwerk

ZWEI MÄNNER DOMINIEREN MALUKU

Und nur Jahrzehnte später trifft Maluku und seine Sultanate ein Anstoß zu einschneidendem Wandel in ganz anderer Form.

Gerüchte erreichen im Jahr 1512 die Inseln, im Süden seien „Männer aus Eisen“ gelandet, fremde Krieger mit Metallhelmen, Rüstungen und Feuerwaffen. Kaum mehr als eine Handvoll – dennoch hätten sie eine örtliche Fehde zugunsten der eigentlich unterlegenen Partei entschieden.

Eilig brechen von Tidore aus sieben Schiffe auf, um die Kämpfer zu suchen und an den Hof des Sultans zu bringen. Sie erreichen die Insel, die Gerüchte bestätigen sich – allein, eine Flottille des Rivalen ist ihnen zuvorgekommen. Die Fremden befinden sich bereits auf dem Weg nach Ternate.

Es sind schiffbrüchige Portugiesen. Im Jahr zuvor hat eine Flotte aus ihrem Heimatland Malakka erobert, jenen malaiischen Hafen, in dem auch Malukus Nelken gegen internationale Güter umgeschlagen werden. Der Trupp gehörte zu einer Expedition mit dem Ziel, die Quelle des kostbaren Gewürzes selbst zu erkunden, wurde aber von den anderen Schiffen getrennt und ist schließlich gestrandet.

Auch Sultan Abu Lais von Ternate sucht den Kontakt zu den neuen Herren über Südostasiens zentralen Handelsplatz. Er will seine Geschäfte sichern – und hofft auf ein Bündnis gegen seine Feinde in Maluku.

Als schließlich weitere portugiesische Schiffe die Region erreichen, um die auf Ternate weilenden Landsleute nach Malakka zu bringen, verfasst die Kanzlei des Sultans auf dem vornehmen, gelben Briefpapier des Fürsten ein auf Malaiisch gehaltenes Schreiben an König Manuel von Portugal. Abu Lais bittet um Beistand in Form einer portugiesischen Garnison. Dafür verspricht er: Nelken. Als die Portugiesen wieder aufbrechen, nehmen sie den Brief mit; der Anführer jener Männer, die als Erste nach Ternate gelangt waren, bleibt jedoch als Berater des Sultans vor Ort.

Über Jahre geschieht nach diesen ersten Kontakten wenig. Die Postwege sind lang, die Umworbenen taktieren.

Eines Tages im November 1521 jedoch sitzt der Nachbar des Herrn über Ternate, Sultan Al-Mansur von Tidore, auf seinem Prunkboot unter einem seidenen Baldachin, gekleidet in feines, weißes Leinen mit einem blumenverzierten Kopfputz, und empfängt seinerseits zwei europäische Schiffe: Spanier. Auch sie haben den Weg zu den Nelken gefunden – allerdings nicht über Indien und Malakka, sondern über Amerika und die Philippinen.

Die zwei Schiffe, die nun vor Tidore liegen, sind der Rest jener von Ferdinand Magellan geleiteten Expedition, die zwei Jahre zuvor in Spanien aufgebrochen

ALS WICHTIGE QUELLE für Sandelholz gilt um 1500 Timor, ein Eiland der Kleinen Sundainseln war und als erste überhaupt Asien von Osten aus erreicht. Magellan selbst hat jedoch auf den Philippinen sein Leben verloren.

Die Portugiesen müssen nun reagieren: Die beiden Seemächte von der Iberischen Halbinsel sind ebenso erbitterte Konkurrenten wie die Sultane von Maluku. 300 portugiesische Soldaten erreichen das Inselreich, errichten auf Ternate ein ummauertes Fort – und greifen gemeinsam mit einheimischen Kriegern den Rivalen Tidore an. Den Siegesmeldungen zufolge erbeuten die Verbündeten mehr als 600 „Köpfe" – womit Gefangene oder abgeschnittene Häupter gemeint sind.

DIE BLÜTE der Javanischen Gelbwurz ist besonders prächtig. Ähnlich wie die indische Kurkuma wird die Pflanze als Gewürz oder Farbstoff genutzt

Der Plan der Herrscher von Ternate, mit Hilfe der Fremden die eigene Macht zu erweitern, scheint aufgegangen. Doch schon bald beginnen die Portugiesen, sich auf Ternate wie Herren zu benehmen, vergreifen sich am Besitz der Einwohner, demütigen und töten selbst Würdenträger.

Als sich die Insulaner wehren, setzt ein zäher, langwieriger Krieg mit wechselnden Fronten und Allianzen ein. Ternate, Tidore und etliche andere Inselreiche, mitunter auch Spanier, schließen sich zeitweise gegen die Portugiesen zusammen, die ihrerseits immer wieder Verbündete unter rivalisierenden einheimischen Hoffraktionen finden und sich auch die Streitigkeiten zwischen den Inseln zunutze machen.

Es ist ein offenes Ringen, nicht nur aufgrund der geringen Zahl der Europäer. Denn die Waffenüberlegenheit der „eisernen Männer" erweist sich als begrenzt. Nahezu unsichtbare Dschungelkrieger machen schwer gerüstete Einheiten nieder; vor allem aber erwerben Malukus Herrscher vermehrt ausländische Schwerter und Lanzen, Kettenhemden, Helme und Schilde, Musketen, Mörser und das zugehörige Schwarzpulver, rüsten Kora-koras mit leichten Geschützen aus.

Nach und nach zeichnet sich ab, wer trotz aller Kämpfe seine Position festigen kann: die Sultane von Ternate und dem sich erholenden Tidore. Immer neue Inseln unterstellen sich einem der beiden Herrscher, deren Armeen und Vermögen dadurch stetig wachsen. Schließlich erstreckt sich der Machtanspruch von Ternate und Tidore bis Sulawesi im Westen und nach Süden bis hin zu Seram, Ambon und den Banda-Inseln (wenn auch wohl oft nur formal).

Ähnlich wird im Inneren ihrer Reiche aus dem alten Vorrang der Kolanos nun eine echte Monarchie. Deren Legitimation liefert der Islam, demzufolge ein Herrscher seine Macht von Gott verliehen bekommt, er der Verteidiger des Glaubens ist.

Im späten 16. Jahrhundert zeigt der Sultan von Ternate im Umgang mit den Europäern die höfische Gewandtheit eines Souveräns, spricht fließend Portugiesisch. Seine Residenz hat er in das 1575 von den Portugiesen geräumte Fort verlegt.

RAUCH steigt aus dem Vulkan von Ternate auf. Der örtliche Sultan schließt schon früh einen Pakt mit den Portugiesen, die 1512 als erste Europäer Maluku erreichen

Der Nelkenhandel dauert unterdessen an. Keine Seite will auf das lukrative Geschäft verzichten, manch ein Konflikt in diesen Jahren unablässigen Kampfes entsteht gerade aus einem Streit über Preise und Bedingungen.

Um ihren Frachtraum besser zu nutzen, wollen etwa die portugiesischen Aufkäufer nur noch die aromatischeren Köpfe der Knospen annehmen, nicht deren weniger intensive Stiele; außerdem fordern sie, dass die Ware zu bestimmten Terminen bereitsteht, die von der Windrichtung des Monsuns auf den Routen der Handelssegler abhängt. Und sie verlangen immer mehr Ware.

Bei alledem sind die Sultane und deren Gefolge die Gewinner des Wandels in Maluku, viele Dorfleute hingegen haben das Nachsehen. Anfangs erwarten die Herrscher bloß mehr Nelken als Tauschgut für ihre Gaben. Doch mit der Zeit wird daraus ein offener Tribut – dann schlichte Ausbeutung. Immer mehr Nelkenbäume müssen die Untertanen anpflanzen und hegen, ihre ohnehin geringen Flächen für Feldfrüchte verkleinern, und so werden sie zunehmend abhängig von importierten Lebensmitteln.

Gleich doppelte Verlierer sind oftmals die Frauen. Sie leisten einen erheblichen Teil der Mehrarbeit. Zugleich schränkt sie immer öfter der Islam ein. Je wichtiger die Religion wird, um die Monarchie zu rechtfertigen, desto entschiedener verschafft ihr die Obrigkeit auch im Alltag Geltung. Wo Frauen traditionell als Heilerinnen, für ihre Weisheit oder Spiritualität geachtet wurden, gilt dies nun als ketzerischer Umgang mit Geistern und Dämonen.

War vorehelicher Sex vordem kein Tabu und die Scheidung einer unglücklichen Ehe ein Recht, verdammt die neue Moral beides, legt Frauen den Rückzug aus der Öffentlichkeit nahe, betont Vorrang und die Entscheidungsgewalt des Ehegatten. (Dort wo Portugiesen und Spanier in Südostasien Einheimische zu ihrer Religion bekehren, hat das Christentum ähnliche Wirkung wie der Islam.)

So stehen die Gewinner und Verlierer unter der einheimischen Bevölkerung weitgehend fest, als sich um 1600 die äußeren Verhältnisse noch einmal verschieben.

BIS ZU DEN Banda-Inseln (rechts) reicht bald der Machtanspruch der Sultane von Maluku, die durch ihre Handelsabkommen mit den Europäern immer wohlhabender werden, während ihre Untertanen Freiheiten einbüßen

Zunächst kommen Portugal und Spanien 1580 unter eine gemeinsame Krone, endet ihre Rivalität und wächst bald auch der Druck auf das mächtige Ternate. 1606 schließlich erobern die mit Tidore verbündeten Spanier die Insel. Zur gleichen Zeit aber taucht eine neue Macht in Südostasien auf: die feuerkräftigen Schiffe der niederländischen „Vereenigde Oostindische Compagnie" (VOC).

Zwar ist die VOC eine Aktiengesellschaft, doch besteht die Hälfte ihres Personals in Asien aus Soldaten, handelt sie wie ein Souverän. Ihr Ziel ist zunächst ein möglichst großer Anteil, langfristig ein Monopol am Handel mit den teuersten Gewürzen. Ihr Mittel dazu: Gewalt (siehe Seite 98).

Abermals sucht der Sultan von Ternate die Allianz mit der unbekannten Macht aus Europa. Und der Bund mit der VOC, der nun zustande kommt, ringt in jahrzehntelangen Kämpfen die Spanier nieder. 1663 ruft der Gouverneur in Manila die spanischen Truppen endgültig aus Maluku zurück.

Doch beide Sultanate und ihre abhängigen Gebiete haben unter dem Krieg enorm gelitten, unter wirksameren Waffen, größeren Truppenkontingenten, der brutalen Unnachgiebigkeit der Europäer. Und dann folgen die Verheerungen des Friedens.

Denn während die VOC ein Monopol auf den Handel mit Nelken anstrebt, gelangen immer noch große Mengen durch andere Kaufleute nach Europa. Das drückt die Preise. Deshalb setzen die Niederländer auf eine radikale Lösung: Sie erzwingen, dass alle Nelkenbäume gerodet werden, die sich außerhalb einiger von der VOC selbst angelegten, streng kontrollierten Plantagen auf einer weiter südlich gelegenen Insel befinden. Auch Ternate und Tidore müssen ihren natürlichen Schatz vernichten.

Dafür zahlt die VOC zwar einen durchaus großzügigen Ausgleich – indes allein an die Sultane, deren Vermögen und Macht nach innen so noch einmal zunehmen, während vor allem die Anführer in den Dörfern ihre bisherigen Einnahmen verlieren und völlig vom Herrscher abhängig werden. Gegenüber den militärisch überlegenen Niederländern sinken die Sultanate jedoch zu Vasallen ab. Auch in Maluku beginnt spätestens jetzt die Ära des europäischen Kolonialismus.

Dennoch kontrollieren die Sultane weiter die inneren Angelegenheiten ihrer Staaten, genießen niederländischen Schutz. Im 20. Jahrhundert setzt die Kolonialmacht noch einmal auf sie, um der indonesischen Nationalbewegung zu begegnen.

Ohne Erfolg. 1949 müssen die Niederländer Indonesien als unabhängigen Staat anerkennen. In dessen neuer, um benachbarte Seegebiete erweiterter Großprovinz Maluku ersetzen demokratische Institutionen den monarchischen Apparat. Die Sultane dürfen ihre Ehrentitel behalten.

Die einst exklusiven „Nägelchen" sind da längst zum vergleichsweise günstigen Massenartikel geworden. Größter Produzent ist weiterhin Indonesien – und dort unter anderem die alte vulkanische Heimat der Gewürzpflanze ganz im Osten. Maluku. ◊

NELKENZWEIG mit geöffneten Blütenknospen. Der natürliche Reichtum Malukus sowie die Gier von Europäern und einheimischer Elite werden vielen Bewohnern schließlich zum Verhängnis

LITERATURTIPPS

LEONARD Y. ANDAYA
»The World of Maluku – Eastern Indonesia in the Early Modern Period«
Akademisches Standardwerk (University of Hawaii Press).

ANTONIO PIGAFETTA
»Die erste Reise um die Welt – An Bord mit Magellan«
Der berühmte Bericht streift auch Maluku (wbg).

IN KÜRZE

Nur auf wenigen Inseln Südostasiens gedeiht ein Baum, dessen aromatische Knospen schon den alten Ägyptern teuer waren. Der Handel mit diesen Nelken lässt auf den Gewürzinseln von Maluku zwei mächtige, sich durch die Begegnung mit Neuem stetig wandelnde Reiche entstehen. Doch erst die Einmischung der Europäer ab 1512 wird das Schicksal der gesamten Region und ihrer Bewohner grundlegend wenden.

MIT GIER UND GEWALT

Die Niederländer errichten ab 1605 in Südostasien ein riesiges Handelsreich. Für ihre enormen Gewinne ist ihnen fast jedes Mittel recht

TEXT: *Jakob Bauer*

Ist dies der Moment, in dem sein Erfolg zerrinnt? Im Frühjahr 1662 erfährt Jan Maetsuyker, dass die Insel Formosa verloren ist, erobert durch chinesische Truppen. Maetsuyker ist der Kopf eines gewaltigen Handelsimperiums, das die Niederländer in Südostasien errichtet haben. Formosa, das spätere Taiwan, befindet sich zwar am Rande dieses Reiches. Doch der Fall der Insel könnte das fein austarierte Geflecht der Stützpunkte zerstören, könnte dem respektgebietenden Ruf der Niederländer empfindlich schaden – und nicht zuletzt Maetsuykers glänzende Karriere gefährden. Er muss handeln. Und wird es tun, nach jenen Prinzipien, die auch seine Organisation leiten: Gier, Gewalt und Skrupellosigkeit.

Schon als niederländische Kaufleute 1602 die „Vereenigde Oostindische Compagnie" (VOC) gründen, ist dies eine Kampfansage. Sie wollen den Portugiesen den Handel mit dem Wertvollsten entreißen, das die Inseln Südostasiens bergen: exotische Gewürze.

Die VOC ist eine private Aktiengesellschaft. Doch die Regierung in Den Haag verleiht ihr staatsähnliche Rechte: Im Namen der Niederlande darf sie in Asien Festungen bauen, Truppen unterhalten und Verträge abschließen. Ihren ersten Stützpunkt erobert die Kompanie 1605 auf Ambon; bald folgen weitere Niederlassungen.

1636 tritt der 30-jährige Jan Maetsuyker in den Dienst der VOC. Er ist kein Kaufmann, sondern hat Jura studiert. Möglicherweise treibt ihn die Abenteuerlust, vermutlich hat er auch von den Vermögen gehört, die Angestellte der VOC anhäufen. Auf mehreren Posten erweist sich Maetsuyker als kompetenter Verwalter, bei Verhandlungen mit den Portugiesen zeigt er diplomatisches Geschick. 1653 erklimmt er den Posten des Generalgouverneurs, das höchste Amt der VOC in Asien.

Von nun an residiert Maetsuyker in Batavia, dem Verwaltungszentrum der Kompanie im Westen Javas: einer europäisch anmutenden Stadt, mit Grachten und repräsentativen Bauten im niederländischen Stil sowie einer Garnison von mehreren Tausend Soldaten. Von hier aus lenkt der Generalgouverneur, unterstützt von einem Rat und Dutzenden Schreibern, die Warenströme der Region, beauftragt Kapitäne, plant Routen, setzt Preise fest.

Die Inseln des Malaiischen Archipels sind das Kernstück im Handelssystem der VOC. Aber die Gewürze von dort gehen nicht nur nach Europa. In ganz Asien tauschen die Niederländer Muskatnüsse und Nelken, Pfeffer und Marzis, die getrocknete Hülle der Muskatnuss: in China gegen Seide und Tee, in Japan gegen Gold und Silber. In den Lagerhallen Batavias fließen alle Kostbarkeiten zusammen; einmal im Jahr bringt sie eine Flotte nach Europa, mit Profiten von bis zu 4000 Prozent.

Ein Gewinn, der für die Niederländer offenbar jede Gewalt rechtfertigt. Um die Kontrolle über den wichtigsten Anbauort für Muskatnüsse, die Banda-Inseln, zu erlangen, lässt ein Vorgänger Maetsuykers deren Bevölkerung massakrieren. Die wenigen Überlebenden werden versklavt.

Auch Maetsuyker befiehlt, zu den Waffen zu greifen, etwa als seine Truppen das Königreich Makassar auf der indonesischen Insel Sulawesi erobern und dessen Herrscher zwingen, den Handel mit anderen Europäern einzustellen. Und der Generalgouverneur geht direkt gegen europäische Konkurrenten vor. Mehrmals triumphieren seine Kommandeure über Engländer, Franzosen und Portugiesen. Nichts, so scheint es, kann den Aufstieg der VOC gefährden.

Wäre da nicht Formosa. Warnungen, der Stützpunkt sei bedroht, hat der Generalgouverneur ignoriert. 1662 bringen chinesische Soldaten die für den Handel nach China und Japan wichtige Drehscheibe in ihre Gewalt.

Doch Maetsuyker reagiert schnell. Er stellt den ehemaligen VOC-Gouverneur von Formosa vor Gericht und schiebt ihm die Alleinschuld für die Niederlage zu. Außerdem schickt der Generalgouverneur nun regelmäßig Schiffe vor Formosas Küste, die chinesische Dschunken plündern. So macht Maetsuyker deutlich: Wer den Profit der VOC gefährdet, kommt nicht straflos davon.

Und der Verlust Formosas wiegt nicht so schwer, als dass die Gesellschaft ihr lukratives Geschäft auf Kosten der Einheimischen nicht weiterführen könnte. Als Maetsuyker 1678 im Amt stirbt, dominiert die VOC Südostasien, bringt vor allem den Aktionären gigantische Gewinne. Auch der Verblichene hinterlässt seinen Verwandten ein üppiges Erbe: 300 000 Gulden, das 30 000-fache Monatsgehalt eines Matrosen. ◊

25 Jahre lang amtiert Joan Maetsuyker bis 1678 als Generalgouverneur der niederländischen VOC. Die Kaufmannsgesellschaft kontrolliert das Geschäft mit Gewürzen, der wertvollsten Ware Südostasiens. Um den Handel zu sichern, verübt sie Morde, versklavt Einheimische

Mitte des 19. Jahrhunderts wollen die Briten das Königreich Siam, das spätere Thailand, zum Handel

Abgesandten Ihrer Majestät von Großbritannien und Irland, Sir John Bowring,

METRO

nach ihren Vorgaben zwingen. Am 4. April 1855 erwartet König Rama IV. den

in Bangkok zur privaten Audienz. Ein schicksalhafter Tag in einer schillernden Kapitale

POLE aus WASSER

STAATSBARKE in Bangkok. Wie auch die folgenden Bilder ist dieses Foto aufgenommen kurz nach der Mitte des 19. Jahrhunderts vom schottischen Lichtbildner John Thomson

TEXT:
Johannes Strempel
FOTOGRAFIE:
John Thomson

Am ersten Tag des abnehmenden Mondes, im fünften Monat 2398, dem Jahr des Hasen, geschieht das Undenkbare: Kanonenschüsse hallen über den Chao Phraya, den „Fluss der Könige". Die Lebensader Bangkoks. Am südlichen Rand der Metropole, dort wo der dichte Mangrovenwald und wogende Reisfelder den ersten Hütten, Pfahlbauten und Tempeldächern weichen, steuert ein Schiff den Strom hinauf. Eine Kriegsfregatte, 56 Meter lang, mit drei Masten und einem rauchenden Schlot, deren Geschütze in schnellem Rhythmus feuern. Der Lärm schreckt die Lotterieverkäufer auf dem Markt von Sampheng aus ihrer Mittagsruhe, reißt die Mönche in den Tempeln aus ihrem Gebet, lässt Kinder zusammenfahren, die am Flussufer Drachen fliegen lassen.

Wird Bangkok angegriffen? Kein Feind ist je so weit vorgedrungen. Wie konnte das fremde Dampfschiff die Festungen Pak Lat und Pak Nam stromabwärts am Mündungsdelta des Flusses überwinden? Wie unbemerkt bis ins Herz des Königreichs gelangen?

Nun erneut eine Salve: diesmal von einem der Forts, die an der Peripherie Bangkoks den Fluss bewachen. 21-mal feuern die Geschütze, genau wie zuvor die Kanonen der Fregatte. Dies ist keine Schlacht! Die Schüsse sind ein gegenseitiger Salut, ein donnerndes Zeichen der Ehrerbietung zwischen Gastgeber und Besucher. Dann legt sich wieder Stille über die tropische Stadt in dieser heißesten Stunde des heißesten Monats des Jahres. Westliche Kalender geben als Datum den 4. April 1855 an, und westliche Uhren stehen auf einer Stunde nach Mittag.

König Rama IV., Siams Herrscher, hatte seinen Gast in einem persönlichen Brief noch darum gebeten, auf den Salut zu verzichten. Denn unerträglich rüpelhaft erscheint es jedem Siamesen, überhaupt allen Völkern Asiens, einen Besuch mit Waffenlärm und Pulverdampf anzukündigen. Doch der Eingeladene bestand auf dem Ritual: der Brite Sir John Bowring, Gouverneur von Hongkong, Generalbevollmächtigter für den Fernen Osten, Gesandter Ihrer Majestät, Queen Victoria von Großbritannien und Irland. Für London ist ein Staatsbesuch ohne Salut nicht denkbar. Und so hielt es Rama IV. für ratsam, sich dem Wunsch zu beugen.

Denn das Ganze ist mehr als eine friedliche Visite unter Freunden. Die Kanonensalven sind auch eine Machtdemonstration. Den Briten geht es vor allem um freien Handel und neue Absatzmärkte in aller Welt. Wenn Verträge und Diplomatie dabei zum Ziel führen, ist ihnen das recht. Doch wenn ein fremdes Reich nicht kooperiert, schicken sie Kanonenboote. Es ist nicht lange her, dass das mächtige China auf diese Weise, besiegt und gedemütigt, seine Politik der Abschottung aufgeben musste. Es gibt Gerüchte, dass Großbritannien bereits eine ähnliche Strafexpedition gegen Siam plant.

Deshalb ist das Treffen heute Abend so wichtig. König Rama IV. wird den Gesandten Bowring zu einer privaten Audienz in seinem Palast empfangen und muss damit den Ton setzen für die kommenden Wochen der Beratungen über ein Handelsabkommen. Einiges steht auf dem Spiel, vielleicht nicht weniger als die Unabhängigkeit Siams.

Der 4. April 1855 könnte ein Moment der Entscheidung werden: für den König, das Reich – und für Bangkok. Spannung liegt über der größten und schillerndsten Metropole Südostasiens, in der dennoch, wie an jedem Tag, 300 000 Menschen ihrem Dasein nachgehen.

Wie eine Stadt aus Wasser ist sie. Wer in der Mitte des 19. Jahrhunderts von der Küste am Golf von Siam mit dem Schiff 60 Kilometer den Chao Phraya stromaufwärts reist und schließlich im Morgengrauen die große Flussschleife erreicht, an der sich die Kapitale zu beiden Seiten auf einer weiten Ebene erstreckt (siehe Karte Seite 115), dem muss es scheinen, als sei Bangkok gerade eben den Fluten entstiegen. Alles Leben hier vollzieht sich auf dem Wasser. Auf dem gut 800 Meter breiten Strom selbst – und den Hunderten von Kanälen, die von ihm abzweigen und das gesamte Stadt-

DER FÄCHER in der Hand dieses jungen Mannes weist ihn als Absolventen einer Schulung in den Lehren Buddhas aus. Der Glaube an den Erleuchteten ist allgegenwärtig in Siam und dessen Hauptstadt

PRÄCHTIGE TEMPEL erheben sich am festen Ufer des Chao Phraya, der Bangkok durchströmt und die zahlreichen Kanäle mit Wasser speist. Die Häuser der meisten Stadtbewohner hingegen schwimmen

gebiet durchziehen. Straßen, die diese Bezeichnung verdienen, gibt es kaum. Der Fluss ist Markt und Boulevard, Transportweg, Schauplatz der religiösen und weltlichen Zeremonien, Bühne des Alltäglichen.

Um die 80 in grellen Farben bemalten Dschunken liegen jetzt im April im Chao Phraya vor Anker, bauchige Riesenschiffe mit drei Masten, geschnitzten Drachen am hohen Heck und roten Dämonenköpfen vor dem Bug. In wenigen Wochen werden sie wieder wie jedes Jahr mit dem einsetzenden Südwestmonsun nach China segeln, dem wichtigsten Handelspartner.

Daneben und dazwischen sind unzählige andere Schiffe und Boote vertäut. Schmale Kanus, die gerade einen Menschen zu tragen vermögen, und flache Reisbarken, die so schwer beladen sind, dass sie bis zur Kante im Wasser liegen. Kähne mit einer kuppelförmigen Überdachung aus Korbgeflecht, die wie liegende Eier im Strom treiben. Boote reicher Kaufleute aus Teakholz, zehn Meter lang, mit einer Kajüte in der Mitte und Sitzen für ein Dutzend Ruderer an der Reling.

An beiden Ufern ziehen sich, so weit das Auge reicht, auf massiven Flößen Reihen von schwimmenden Häusern, mit Wänden aus geflochtenem Bambusbast und Dächern aus Palmblättern: ordentliche und saubere Hütten, alle mit spitzen Giebeln und einer zum Fluss geöffneten Veranda versehen und mit Tauen oder Ketten festgemacht.

Weil während der Regenzeit der Chao Phraya häufig über die Ufer tritt und weite Teile Bangkoks unter Wasser stehen, ist für das einfache Volk das Wohnen auf Flößen oder in Pfahlbauten und die Fortbewegung in Booten die praktischste Lebensweise. Auf festem, meist erhöhtem Grund stehen nur einige eigens gegen die Flut gesicherte Anwesen der Adeligen, verborgen hinter moosbewachsenen Mauern, und vor allem Hunderte von Tempeln, deren goldverzierte Dächer durch das Grün der Kokospalmen, Mangroven, Bananenstauden und Mangobäume blitzen. Am Ostufer schließlich ragen direkt am Wasser die schneeweißen, mit Zinnen gekrönten Mauern des königlichen Palasts auf.

Wie an jedem Morgen sind auch an diesem 4. April schon Hunderte Kanus im Licht der aufgehenden Sonne auf dem Fluss unterwegs: vor allem buddhistische Mönche in ihren safranfarbenen Kutten,

OST empfängt WEST

die bedächtig und schweigend die schwimmenden Häuser ansteuern, um die täglichen Spenden und Essensgaben von den gerade erwachten Bewohnern entgegenzunehmen.

Als nun die Sonne noch ein wenig höher steigt, beginnt am Westufer ein Bauwerk zu funkeln: Wat Arun. Der „Tempel der Morgenröte“, in dessen Ziegelmauern die Scherben zerbrochenen chinesischen Porzellans eingelassen sind. 81 Meter hoch ist der zentrale Turm. Treppen von allen Seiten führen auf drei Terrassen, die mit Statuen von Göttinnen und dreiköpfigen Elefanten verziert sind. In jeder Nische, an jedem Giebel der Anlage hängen vergoldete Glöckchen, die sanft im Wind des Morgens klingeln.

Wat Arun ist der meistgeliebte Tempel der Einheimischen und älter als die Metropole selbst. Schon der königliche Gründer Bangkoks war der Legende nach vom Anblick des Turms am frühen Morgen so überwältigt, dass er, wohl im Jahr 1771, beschloss, zu dessen Füßen eine neue Residenz und Hauptstadt zu errichten.

°

ES WAR BEREITS die dritte bedeutende Stadtgründung in der fruchtbaren Tiefebene des Chao Phraya, der auf 370 Kilometern Länge von Nord nach Süd durch die Mitte des südostasiatischen Festlands fließt. Die Bewohner, die sich verstärkt seit dem 11. Jahrhundert, aus den chinesischen Regionen Guangxi und Guangdong kommend, hier angesiedelt hatten, nannten sich selbst „Thai“ – wohl „die Freien“.

SIR JOHN BOWRING will Siam 1855 für den Handel öffnen. Der britische Gesandte ist ein kühler Imperialist. König Mongkut aber imponiert ihm, und so bleibt der Ton freundlich

Anfangs mussten diese zwar noch dem einflussreichen Khmer-Reich Angkor im Osten als Vasallen dienen. Doch als dessen Macht aus bis heute rätselhaften Gründen schwindet und auch das benachbarte Königreich von Pagan auf dem Territorium des heutigen Myanmar durch interne Konflikte und Einfälle der Mongolen zerfällt (siehe Seite 38), steigen die Thai zu einer dominierenden Kraft Südostasiens auf.

Die erste bedeutende Metropole ist ab dem Jahr 1250 Sukhothai am nördlichen Rand der Chao-Phraya-Ebene. Die Stadt entwickelt sich zu einem wichtigen Knotenpunkt an den Handelswegen zwischen China, dem südlichen Indien und Malaysia.

Ein gutes Jahrhundert währt die Glanzzeit Sukhothais, dann macht eine andere Stadt, 300 Kilometer weiter südlich am Fluss gegründet, ihr den Rang streitig: Ayutthaya schneidet den nördlichen Konkurrenten vom Handel ab und wächst zur mächtigsten Metropole Südostasiens heran. Die Herrscher von Ayutthaya erobern nicht nur Sukhothai, sondern auch weite Teile des heutigen Nordthailands und Kambodschas und unterwerfen sich Vasallenstaaten bis hinab zur Malaiischen Halbinsel. Zum Erzfeind und jahrhundertelangen Gegner jedoch wird das wiedererstarkte birmanische Königreich im Westen. Ein erstes Mal erobern die Birmanen 1569 die Stadt und nennen sie zur Demütigung der Unterlegenen nicht mehr Ayutthaya („Die Unbesiegbare“), sondern Yodaya („Die Besiegte“).

Das Thai-Reich erholt sich zwar rasch, aber fast 200 Jahre später, im April 1767, belagern und bezwingen die Birmanen die Hauptstadt erneut. Diesmal sind sie nicht nur gekommen, um zu plündern, sondern um

ANGETAN MIT DEN INSIGNIEN alter Macht, lässt sich König Mongkut (auch als Rama IV. bekannt) porträtieren. Doch der rein traditionelle Eindruck täuscht: Der Herrscher spricht und liest auch Englisch den Konkurrenten auf immer zu vernichten. Ayutthaya und das Umland werden vollkommen zerstört, die königliche Familie und Zehntausende Bürger verschleppt.

Doch ein General mit dem Namen Taksin, der dem Untergang entkommen ist, kann das Schicksal noch einmal wenden. In nur drei Jahren gelingt es ihm, die Birmanen wieder zu vertreiben. Er erobert verlorenes Land und abtrünnige Provinzen zurück und eint das Reich erneut. Als gekrönter König gründet er wohl im Jahr 1771, angeblich berührt vom Anblick der Tempelbauten des Wat Arun, eine neue Hauptstadt am Westufer des Chao Phraya, 60 Kilometer stromabwärts des zerstörten Ayutthaya.

Die Gegend ist spärlich besiedelt. Außer der Tempelanlage gibt es noch einige Dörfer rund um eine Festung, die den Schiffsverkehr überwacht und nun der neuen Hauptstadt ihren Namen leiht: Thonburi.

Jenseits des Stroms, an seinem Ostufer, haben chinesische Fischer und Händler bereits im 17. Jahrhundert eine kleine Kolonie gegründet, die als Bangkok bekannt ist, übersetzt wohl „Dorf der Pflaumen".

Einige Jahre später beginnt König Taksin, sich merkwürdig zu verhalten: Er versucht, durch exzessives Meditieren die Kunst des Fliegens zu erlernen. Zudem leidet der Herrscher an Verfolgungswahn, wittert überall Verschwörungen, lässt Gerüchten zufolge gar seine eigenen Söhne foltern, weil er ihnen misstraut. Möglicherweise leidet Taksin an einer Geisteskrankheit. Vielleicht aber sind die Geschichten auch nur Teil einer Propaganda, durch die der nächste König im

KRONPRINZ CHULALONGKORN thront im Hof des großen Palasts von Bangkok. Nur zwei seiner Brüder und ein uniformierter Wächter dürfen stehen, während die Dienerschaft auf dem Boden kauert

Nachhinein seine Usurpation rechtfertigt: Wieder ist es ein General, der nun die Macht an sich reißt.

Der neue Herrscher (für den sich Jahre nach seinem Ableben der Herrschername Rama I. durchsetzt) begründet eine eigene Dynastie mit dem Namen Chakri, die bis heute in Thailand den Herrscher stellt. Schon wenige Tage nach der Inthronisierung im April 1782 verlegt er seine Residenz und damit die Hauptstadt ans gegenüberliegende Ostufer. Das Areal lässt sich besser verteidigen, weil nun der Fluss zwischen dem Palast und dem Erzfeind Birma weiter im Westen liegt. Auch will der neue König wohl einen deutlichen Bruch mit seinem Vorgänger vollziehen und sich zugleich in die Tradition des untergegangenen Ayutthaya stellen.

Von dort lässt Rama I. Unmengen Ziegel als Baumaterial für seine Neugründung herbeischaffen. Und weil Ayutthaya von Kanälen umgeben war, heben Tausende Kriegsgefangene in seinem Auftrag einen halbkreisförmigen Wassergraben aus, der jeweils in den Fluss mündet und so an dessen Ostufer eine künstliche Insel entstehen lässt, fast vier Quadratkilometer groß.

Die aus China stammenden Bewohner Bangkoks müssen ihre Häuser aufgeben und sich ein Stück weiter südlich ansiedeln. In einer feierlichen Zeremonie erhält die neue Hauptstadt am 21. April einen ehrwürdigen, großen Titel, der aus 43 Silben besteht (und noch immer als der längste Städtename der Welt gilt). Vielleicht auch deshalb bleiben die meisten Besucher der Kapitale bei der vertrauten Bezeichnung für den Ort: Bangkok.

Im Jahr 1855 erstreckt sich die Kapitale längst über beide Flussufer – doch die meisten Bürger leben auf der Ostseite. Mittlerweile umgeben drei breite, halbkreisförmige Wassergräben – sogenannte *khlong* – die

SIAM ist REICH

Altstadt und den Palast. Sie dienen auch der Verteidigung und sind in regelmäßigen Abständen mit Festungen bestückt.

Eine weitere Wasserstraße kreuzt die Ringkanäle. Weit von Osten her führt sie schnurgerade in die Stadt: der insgesamt 65 Kilometer lange „Kanal der 100 000 Stiche" – Khlong Saen Saep –, der wohl so heißt, weil die Arbeiter damals beim Bau in den 1830er Jahren so schwer unter den Moskitos zu leiden hatten.

Jetzt am Morgen ist der Kanal voll von den Kanus und Booten der Bauern, die in Richtung Bangkok rudern, um dort ihre Waren zu verkaufen. Sie kommen aus dem Hinterland, in dem bis zum Horizont jadefarben schimmernde Reisfelder liegen, Ackerflächen für Zuckerrohr, Kohl und Bohnen, leuchtende Obstgärten voll Orangen, Limetten, Mangos und Papayas. Schwerfällige Wasserbüffel grasen zwischen den Bäumen, und auf Holzpodesten in den Feldern schwenken Bauernkinder die Arme und kreischen in hohen Tönen, um die Vogelschwärme zu verscheuchen, die von der Aussaat fressen wollen.

Kurz bevor die Bauern mit ihren Booten den zweiten der drei Ringkanäle stadteinwärts erreichen, können sie zu ihrer Linken das kolossalste und ehrgeizigste Bauprojekt Bangkoks aufragen sehen, den sogenannten Goldenen Berg. Ein Wallfahrtsort, der dem heiligen Gipfel Meru nachgebildet ist, Wohnsitz der Götter und Zentrum des Universums im Glauben der Hindus und Buddhisten.

ZWEI TÄNZERINNEN posieren vor dichter Vegetation. Das Umland Bangkoks ist fruchtbar – und so drängen sich jeden Tag Bauern mit ihren Booten auf den Kanälen, um die Stadt mit Waren zu versorgen

Fromme Wohlhabende hatten Tausende Baumstämme gespendet, als in den Boden gerammte Fundamente für eine gewaltige Ziegelkonstruktion. Doch noch während der Bauarbeiten unter der Regentschaft des vorherigen Königs Rama III. gab der lehmige Untergrund nach und der unfertige, Dutzende Meter hohe Koloss sackte in sich zusammen. Nun wuchert Gestrüpp über den schiefen Terrassen der Ruine, und niemand weiß, wann die Arbeiten wieder aufgenommen werden.

Betrieb herrscht dagegen in der unmittelbaren Umgebung des unvollendeten Berges, denn er steht auf dem Gelände des Wat Saket, einer der größten Tempelanlagen der Stadt, die meist in dunklen Rauch gehüllt ist und einen süßlich-stechenden Geruch verströmt. Während die Prinzen und Adeligen in den königlichen Tempeln der Altstadt mit großem Pomp eingeäschert werden, ist dies der Ort, an dem die Leichname von Angehörigen des gemeinen Volkes dem buddhistischen Brauch gemäß den Flammen übergeben werden.

Die sterblichen Überreste der Sklaven, Hingerichteten und derjenigen, deren Angehörige selbst für eine schlichte Verbrennung zu wenig Geld besitzen, bringen die Mönche in ein abgetrenntes Areal, wo Schwärme von Geiern auf den Bäumen warten und gierige Straßenhunde das Fleisch von den Knochen der Toten reißen – für die buddhistischen Verstorbenen eine letzte Gelegenheit, durch ihre „Freigebigkeit" gegenüber den Tieren spirituellen Verdienst zu erwerben und so ihre nächste Wiedergeburt positiv zu beeinflussen.

Während der großen Cholera-Epidemie sechs Jahre zuvor stapelten die Mönche von Wat Saket die Verstorbenen wie Brennholz in den Tempelhallen und warfen viele Leichen in den Kanal, weil sie mit der Einäscherung nicht mehr nachkamen. 35 000 Menschen sollen damals gestorben sein.

Erst jenseits von Wat Saket beginnt die eigentliche Stadt. Die Bauern steuern ihre Kanus nun nach links oder rechts in den breiten, zweiten Ringkanal hinein und geraten fast augenblicklich in das Getümmel der schwimmenden Märkte, für die dieser Khlong bekannt ist. Boote dicht an dicht, überall die Rufe der Verkäufer von Waren und Speisen, der Duft von gebratenem Knoblauch und Chili.

Viele Händler haben einen kleinen, glühenden Ofen vorn in ihrem Kanu aufgestellt, dazu Pfannen und Töpfe, und verkaufen Reis mit Fisch oder Schweinefleisch von Boot zu Boot und an die Menschen auf den Terrassen der schwimmenden Häuser am Ufer. Andere bieten Kuchen aus Reismehl und Kokosmilch an, Eier, Bienenwachs, Zucker. Zwei chinesische Hausierer, zu erkennen an ihren spitzen Hüten, sitzen mit gekreuzten Beinen am vorderen und hinteren Ende eines Kahns, ihre Kurzwaren aus Bändern, Nadeln und Papier zwischen sich. Das Kanu einer Frau ist beladen mit großen, grünen, stacheligen Früchten, das einer anderen mit Tiegeln voller Gewürzpaste aus zerstoßenen Garnelen und Fisch.

In dem scheinbaren Chaos der Gefährte gilt das Recht des Stärkeren: Die Kleinen weichen den Großen aus, und alle halten inne im Betrieb und senken den Kopf, wenn eine der königlichen Barken in den Kanal einfährt. Bis zu 30 Meter lang und fünf Meter breit sind diese eleganten, kunstvoll verzierten und mit Blattgold überzogenen Boote, Heck und Bug haben die Form von Schlangen, Krokodilen oder Schwänen. Die in Rot und Grün gekleideten Ruderer tauchen mit lang geübter Präzision ihre Paddel ins Wasser und singen

ZAHLREICHE FESTE gliedern das siamesische Jahr. Am 13. Oktober 1865 etwa besucht König Mongkut (in der Sänfte) den Tempel des liegenden Buddha, um dessen Mönche mit Kleidung zu beschenken

im Rhythmus ihrer Bewegung das Lied „Rudert, rudert, ich rieche schon den Reis". Unter dem goldenen Baldachin eines Podests in der Mitte ruht der Prinz, dem das Boot gehört.

Wenn der Königssohn nach links oder rechts schaut, kann er im Vorüberfahren direkt in den Alltag der Bangkoker blicken. Denn alles Leben ereignet sich im Freien oder in den nach vorn geöffneten Hütten, die die Ufer der Wasserwege säumen: Familien sitzen bei einem späten Frühstück auf dem Boden um eine Schale Curry und eine Schüssel voll dampfendem Reis, benutzen Löffel aus Perlmutt, um die Speisen aufzufüllen, zum Essen dienen die Finger. Ein Säugling schläft in einer Hängematte auf einer Veranda, während die Mutter dösend daneben liegt und mit dem Fuß die schwingende Wiege anstupst. Männer rauchen Tabak, der für ein feineres Aroma mit Erdnussöl vermengt ist.

Einheimische beiden Geschlechts tragen meist einen einfachen Wickelrock (*panung* genannt) aus gefärbtem Stoff um die Hüften. Die Männer legen dazu manchmal noch ein weißes Tuch als Gürtel an, Frauen einen Schal um ihre Schultern. Doch oft bedecken auch Bangkokerinnen den Oberkörper nicht. Die meisten Kinder tollen nackt über die Plattformen und vergnügen sich mit dem „Krokodil"-Spiel, bei dem ein auf dem Boden kauernder Junge die Beine der anderen zu packen versucht, die über ihn hinwegspringen.

Nicht nur die Kleidung, auch die Frisurmode von Männern und Frauen ist kaum zu unterscheiden. Beide Geschlechter pflegen sich die Kopfhaare sehr kurz zu schneiden oder gar ganz abzurasieren, bis auf eine bürstenförmig in die Höhe ragende Stelle in der Kopfmitte. Der Legende nach übernahmen die Frauen die Haartracht der Männer einst bei einer der Belagerun-

HIMMELSTÜRMENDE BAUTEN, weite Plätze und Gärten prägen die Palaststadt (oben). Ein streng abgeschirmter Bereich ist allein den Frauen des Königs vorbehalten, bewacht von einer weiblichen Garde

gen Ayutthayas, um die feindlichen Birmanen über die Zahl der männlichen Verteidiger zu täuschen.

Erschreckend wirkt es auf Ausländer, wenn ein Siamese lächelt. Schwarze Zähne gelten als Schönheitsideal, deshalb reiben viele Erwachsene ihr Gebiss regelmäßig mit einem Pulver aus Eisenrost ein. Vor allem aber kauen Männer wie Frauen unentwegt Betelnüsse, die sie sich mit einem mit ungelöschtem Kalk bestrichenen Betelblatt und Tabak in den Mund stecken, um die Zähne zusätzlich zu schwärzen. Zudem wird der Kauende mit einer „sanften Trunkenheit" belohnt, „die den Kopf entspannt und die Seele aufrichtet", wie ein französischer Missionar in Bangkok schreibt.

Nicht nur die Menschen verbringen ihre Zeit auf den Veranden der schwimmenden Häuser. Hunde und Katzen dösen dazwischen, aus unzähligen Käfigen heraus zwitschern Vögel. Was ebenfalls wie Tierbehausungen aussieht – kleine, auf Pfosten ruhende Unterstände in den Ecken der Terrassen –, sind tatsächlich die Wohnungen der *phra phum*, der Erd- und Luftgeister, die nach dem Glauben der Menschen über den Ort wachen. Mit Blumen, Räucherstäbchen und Elefanten- oder Krokodilfiguren aus Lehm, die vor den Häuschen abgelegt werden, versuchen die Bewohner, sich die übersinnlichen Wesen gewogen zu halten.

Jenseits des Khlong mit den Märkten beginnt die Altstadt Bangkoks – ein Gewirr aus Hunderten, sich kreuzenden Kanälen, die jetzt in der Trockenzeit mit mehr Schlamm als Wasser gefüllt sind. Daneben und dazwischen verlaufen einige schmale, lehmige Pfade, die für die barfuß gehenden Thai mühelos zu bewältigen sind, für Europäer in Schuhen und Strümpfen aber eine einzige Heimsuchung bedeuten.

Für das Anlegen der Kanäle wie für deren alljährliche Reinigung und Instandsetzung setzt die Regierung meist Kriegsgefangene unterworfener Völker ein. Aber auch die Thai selbst sind zu drei Monaten Frondienst im Jahr verpflichtet, die sie, wenn nicht in der Armee, bei den öffentlichen Bauarbeiten abzuleisten haben. Wer es zu einigem Vermögen gebracht hat, kann sich von der Pflicht freikaufen oder einen Ersatzmann stellen; Mönche und Väter mit drei arbeitsfähigen Söhnen sind automatisch befreit.

Die übrige Zeit des Jahres fristet der überwiegende Teil der Bevölkerung – drei bis sechs Millionen Menschen mögen in dem Königreich leben – als Bauern ihr Dasein. Wer in Not gerät, muss sich als Schuldner in die Sklaverei begeben – als Zwangsarbeiter für den Staat oder als persönlicher Diener eines Adeligen.

Aus vielleicht 2000 Menschen besteht die aristokratische Elite in Bangkok. Die übrigen Bewohner der Stadt arbeiten als Händler und Handwerker oder verdingen sich im riesigen Apparat des königlichen Hofstaats als Lieferanten, Diener oder kleine Beamte.

WACHSENDE STADT

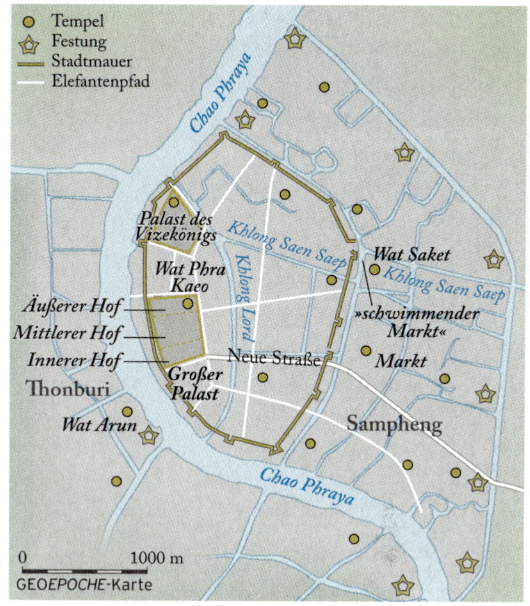

DREI RINGKANÄLE umschließen 1855 die Altstadt Bangkoks auf der Ostseite des Chao Phraya. Längst aber erstreckt sich die wuchernde Kapitale auch am anderen Ufer – und wird sich durch die Öffnung für den Westen in den kommenden Jahrzehnten noch rasanter wandeln

JENSEITS DES ERSTEN Ringkanals Bangkoks, dem Khlong Lord, erhebt sich, mit dem Rücken zum Fluss, der Palast des Herrschers. Kein einzelnes Bauwerk, sondern eine Stadt in der Stadt, die sich hinter weiß gekalkten, mit Zinnen bewehrten Mauern ausbreitet. Rama I. ließ die Anlage von 1783 an in der Rekordzeit von nur zwei Jahren erbauen, doch jeder seiner Nachfolger hat dem Ensemble neue Gebäude hinzugefügt oder Architekten mit umfangreichen Renovierungen beauftragt.

Hier ruht alles auf festem Grund. Ein Areal aus Gärten, Parks und gepflasterten Plätzen. Dazwischen prächtige Gebäude mit vergoldeten Türmen und vielfach gestuften Dächern aus blauen und roten Ziegeln. Geschwungene Ziergiebel werden von geschnitzten *naga*, mythischen Schlangenwesen, gekrönt.

Von Nord nach Süd unterteilt sich der Palast in drei Bereiche: Ministerien, Schatz- und Waffenkammern, Kasernen, Gerichte und Stallungen für die heiligen weißen Elefanten – seltene Tiere, die als Garant für Macht und Glück des Herrschers und des Reichs gelten – bilden den sogenannten Äußeren Hof. Die Gebäude des Mittleren Hofs dienen offiziellen Staatsakten und Zeremonien: In der Großen Halle Amarindra Winitchai etwa, deren Eingang zwei riesige chinesische Dämonenkrieger aus Granit bewachen, gibt der König seine täglichen Audienzen. Für heute Abend plant Rama IV., in diesem Thronsaal auch den britischen Gesandten Bowring zu empfangen.

Im Nordosten des Palastbereichs findet sich das heiligste Bauwerk ganz Siams: Wat Phra Kaeo, der „Tempel des Smaragd-Buddhas". Drei mit Perlmutt-Intarsien verzierte Tore führen ins Innere, wo eine grün schimmernde Statue auf einem Thron ruht. Nur 66 Zentimeter groß ist der Buddha im Lotussitz, der entgegen seinem Namen aus massiver Jade gefertigt ist.

Niemand weiß, wie alt die sagenumwobene Skulptur ist und woher sie stammt. Zuletzt war sie im Besitz der Könige von Laos, doch noch als General unter König Taksin eroberte der spätere Rama I. sie während eines Feldzugs im Jahr 1778 und brachte sie in die Hauptstadt, auf dass sie das Reich Siam segnen möge.

Im Angesicht der Statue wird zweimal im Jahr die wichtigste Zeremonie des Hofes begangen: das „Trinken des Wassers der Loyalität". Der König ist zugegen – und alle hohen Beamten und Minister sowie die Fürsten der Vasallenstaaten trinken von Mönchen mit magischen Formeln belegtes Wasser aus einem Krug und schwören dabei ihrem Herrscher Treue. Es heißt, wer vor dem Smaragd-Buddha einen falschen Eid leiste, den erwarte das gräulichste Schicksal. Wer nicht erscheint, muss mit Repressalien, ja sogar der Todesstrafe rechnen. Und keinesfalls dürfen goldene Ringe während des Rituals getragen werden, weil deren Zauberkräfte einen treubrüchigen Schwur verbergen könnten.

Der geheimnisvollste Bereich des Palastes schließlich ist der Innere Hof, der das südliche Drittel des Areals einnimmt und den manche auch die „Verbotene Stadt" nennen oder: die „Stadt der Frauen". Kaum ein Mann hat jemals davon berichten können. „Es heißt", schreibt ein französischer Missionar, „dass in der dritten Ummauerung ein reizender und wundersamer Garten liegt." Alles aus der wirklichen Welt sei dort in verkleinerter Größe nachempfunden: „Künstliche Berge, Wälder, Flüsse, kleine Schiffe und Boote, ein Markt und Bäume, an denen Blumen und Früchte hängen, die man aus fernen Ländern importiert hat." In diesem Garten würden die Königinnen und Konkubinen des Herrschers „Bäder nehmen und sich mit allen Arten der Zerstreuung davon abzulenken suchen, dass man sie von der Welt ausgeschlossen hat".

An die 3000 Frauen sollen hinter den Mauern des Harems leben. Die weiblichen Mitglieder der königlichen Familie und die offiziellen Ehefrauen des Monarchen wohnen in großzügigen Ziegelbauten, mit einem Gefolge aus Dienerinnen, Mägden sowie den Mägden der Dienerinnen. Die Nebenfrauen und Konkubinen logieren in schlichteren Holzhäusern. Dazu gibt es gut

84 Kinder hat der KÖNIG

200 weibliche Polizisten, die in blau-weißen Uniformen die Eingänge bewachen und nachts Patrouille gehen. Es gibt Frauen, denen die Verwaltung des Harems aufgetragen ist, die Leitung von Gerichten und Gefängnissen, der Betrieb von Läden und Marktständen. Die Söhne des Königs dürfen bis zur Pubertät unter den Frauen leben, männliche Ärzte und Handwerker werden im Notfall vorgelassen, dabei streng überwacht und hinein- und hinausgeleitet von den Polizistinnen.

Mittlerweile 17 Jahre sind seit einem großen Skandal vergangen: 1838 deckten Höflinge eine Affäre zwischen einer der königlichen Konkubinen und einem Palastbeamten auf. Das Paar wurde hingerichtet, ebenso fünf Mitwisserinnen und Helfershelfer aus dem Harem sowie drei Hellseher, die dem Liebhaber geweissagt hatten, dass die Sache gut gehen würde.

Der einzige Mann, der sich auf Dauer im Harem aufhalten darf, ist der König selbst. Und falls Rama IV. auch an diesem schicksalshaften 4. April 1855 das jahrhundertealte Protokoll des Hofes einhält, befindet er sich nun, um die Mittagszeit, genau dort.

Den Morgen hat der Monarch demnach damit verbracht, Essen und Almosen an einige ausgewählte Mönche zu verteilen und selbst ein leichtes Frühstück einzunehmen. Seit elf Uhr weilt er im Harem, um den Berichten der Hofdamen sein Ohr zu leihen. Erst am Nachmittag stehen offizielle Audienzen und die Leitung der Staatsgeschäfte an.

R

Rama IV., der neben dem königlichen Titel den Namen Mongkut trägt, ist ein ungewöhnlicher Herrscher. Während der Regentschaft seines älteren Halbbruders Rama III. führte er 27 Jahre lang das Dasein eines ordinierten Mönchs in verschiedenen Tempeln Bangkoks. Erst als sein Bruder starb, folgte er ihm auf den Thron. Im Alter von 47 Jahren tauschte er das zölibatäre Leben in seiner kargen Klosterzelle gegen den Prunk des Palasts und die Hoheit über den Harem. Jeder siamesische König steht in der unbedingten Pflicht, zum Wohl des Reichs für möglichst viel Nachwuchs zu sorgen – und so zeugt der einstige Mönch im Lauf seines verbleibenden Lebens mit 35 Frauen noch 84 Kinder.

Mongkut ist aber auch ein ungewöhnlicher Herrscher, weil er als erster siamesischer Monarch in Ansätzen eine Sprache Europas beherrscht. Während der Zeit im Kloster hat er nicht nur die altindischen Idiome Sanskrit und Pali erlernt, sondern ließ sich von Missionaren in Englisch unterweisen. Schließlich studierte er europäische Bücher über Geschichte, Mathematik und Astronomie – und fand Gefallen an Aspekten der westlichen Zivilisation.

Denn das Verhältnis ist seit jeher kompliziert zwischen dem Reich Siam und den Fremden aus Europa und später auch den USA, die von den Thai *farangs* genannt werden, ein Wort möglicherweise persischer Herkunft für Menschen aus dem Westen. In einer alten Chronik heißt es über sie: „Sie sind überaus groß, behaart und übel riechend. Sie schicken ihre Kinder lange in die Schule und widmen ihr Leben dem Anhäufen von Reichtümern. Ihre Frauen, obwohl groß und rund, sind sehr schön. Sie pflanzen keinen Reis an."

Die Portugiesen waren die ersten, die 1516 von ihren Besitzungen im indischen Goa nach Ayutthaya kamen, Handelsverträge mit dem Königshaus schlossen und eine Niederlassung in der Hauptstadt gründen durften. Holländer, Engländer und Franzosen folgten. 1684 reiste eine siamesische Delegation sogar zu einem Gegenbesuch bis an den Hof des Sonnenkönigs Ludwig XIV. in Versailles. Doch dann fassten die in Siam lebenden Franzosen den Plan, den König und sein Volk zum Katholizismus zu bekehren und die Kontrolle über den Hof zu erlangen. Die Thai warfen die Fremden erzürnt aus dem Land und schotteten sich für fast 140 Jahre weitgehend vom Westen ab.

Seit den 1820er Jahren treffen nun wieder verstärkt Gesandtschaften in Bangkok ein, um Handelsbeziehungen zu knüpfen. Doch die Diplomaten benehmen sich dabei mitunter so arrogant, dass der Hof schließlich wieder weniger Interesse an Verhandlungen zeigt. Umgekehrt machte auch Mongkuts Vorgänger Rama III., der eine streng isolationistische Politik verfolgte, niemals einen Hehl aus seiner Geringschätzung der Farangs. Die Europäer zeigten sich bisweilen verärgert über dieses unerwartete siamesische Selbstbewusstsein. „Der niedrigste Bauer hier hält sich für etwas Besseres als der vornehmste Bürger einer anderen Nation", notierte ein britischer Unterhändler 1822.

Doch nun ist der Bangkoker Hofstaat in großer Sorge. 1850, ein Jahr vor seinem Tod, hatte Rama III. einen britischen Gesandten noch aufs Äußerste brüskiert, weil er ihn nicht einmal empfangen wollte. Und jeder weiß inzwischen, was die Kolonialmacht England mit jenen tut, die nicht mit ihr kooperieren: Die Briten haben Siams Erzfeind Birma geschlagen und zum Teil besetzt, auf der Malaiischen Halbinsel und in Singapur Kolonien gegründet und vor allem im „Opiumkrieg" das sich ebenfalls abschottende China besiegt und zum Handel gezwungen. Seit Rama III. den Gesandten hat abweisen lassen, hält sich am Hof das Gerücht, dass London ein ähnliches Vorgehen gegen Siam plant.

Darum sandte Mongkut schon wenige Tage nach seiner Krönung im Mai 1851 einen Brief an die britische Regierung und lud darin zu Beratungen über ein Handelsabkommen ein. Der neue König und eine Gruppe Reformer am Hof hatten erkannt, dass sie das British Empire, die westlichen Kolonialmächte überhaupt, nicht länger ignorieren konnten.

Offizielle Schreiben wechselten hin und her und im Jahr 1854 schließlich kündigte John Bowring, Gouverneur Hongkongs, seinen Besuch als Unterhändler im Auftrag Ihrer Majestät an. Der 62-Jährige ist ein begeisterter Fürsprecher des freien Handels und ein klassischer Imperialist: tief überzeugt von der kulturellen Überlegenheit des Westens und der Mission des Empires, den barbarischen Völkern das Licht der Aufklärung zu bringen. Wenn möglich mit den Mitteln der Diplomatie, wenn nötig mit der Macht der Kanonenboote. In einem Schreiben hat Bowring den König darauf hingewiesen, dass eine große Zahl britischer Kriegsschiffe derzeit in der Chinesischen See kreuze, er aber, sollte er nur freundlich in Bangkok empfangen werden, nicht den geringsten Wunsch in seinem Herzen trage, Gewalt anzuwenden.

Es ist 13 Uhr, als am 4. April 1855 die Salutschüsse vom Fluss auch zum Palast hinüberhallen. Der Vertreter der britischen Krone ist eingetroffen und grüßt seine Gastgeber. König Mongkut hat wahrscheinlich gerade den Harem verlassen und befindet sich auf dem Weg in den Mittleren Hof, um sich den Staatsgeschäften zu widmen. Und sicher wird er sich bereits auf das wichtige Treffen am Abend vorbereiten.

IN KÜRZE

Um 1050 lassen sich Menschen aus dem Norden in der Tiefebene des Chao-Phraya-Flusses nieder, die sich selbst »Thai« nennen – wohl »die Freien«. Bald etablieren sie dort ein erstes Reich. Mitte des 19. Jahrhunderts ist Siam, das spätere Thailand, eine Monarchie mit einer reichen Kultur voller Rituale und mit Bangkok als Kapitale. Und obwohl die Briten Siam 1855 in ungleiche Verträge drängen, wird es, als einziges Land Südostasiens, doch nie kolonialisiert.

Eine der wenigen gepflasterten Straßen der Hauptstadt führt vom Palast durch eines der Tore Richtung Südosten in das Viertel Sampheng. Dies ist der Ort, an dem sich die chinesischen Einwohner des Dörfchens Bangkok einst niederließen, als Rama I. 1782 seine Residenz ans Ostufer verlegte und die Siedler weichen mussten. Seither sind so viele Immigranten aus dem Reich im Norden gekommen, dass ihre Familien inzwischen etwa die Hälfte der Einwohner Bangkoks stellen. Und die meisten von ihnen leben in Sampheng.

Chinesen und Thai lieben das Glücksspiel, und in diesem Viertel finden sie alles, was ihre Leidenschaft ersehnt: In einfachen Bambushütten beugen sich die Spieler über Karten, Würfel und Backgammon-Bretter, aufmerksam beobachtet von den Buchmachern in den Ecken. Die Betreiber der Spielhäuser veranstalten auch Hahnenkämpfe und lassen die berühmten, feuerroten Siamesischen Kampffische in Wasserbecken gegeneinander antreten. Und wer weiß: Vielleicht wird ein geschäftstüchtiger Buchmacher sogar Einsätze auf den Ausgang der so wichtigen diplomatischen Gespräche an diesem Abend im Königspalast annehmen.

°

UM GENAU 19.45 UHR bringt die königliche Barke Sir John Bowring den Fluss hinauf zu seinem privaten Empfang im Palast. Die Sonne ist bereits untergegangen, doch überall an beiden Seiten des Flusses brennen

Lampions und Laternen, an den Rahen der Dschunken, auf den Veranden der schwimmenden Häuser.

Von der Anlegestelle am Palast wird Bowring in den Audienzsaal geführt, wo der König bereits auf ihn wartet. „Auf einem reich verzierten Thron saß Seine Majestät", wird der Brite später in sein Tagebuch schreiben, „gekleidet in ein purpurnes Gewand, mit einem prächtigen Kopfschmuck aus Diamanten und anderen Edelsteinen, einem goldenen Gürtel und einem kurzen, mit Juwelen verzierten Dolch."

Mongkut ist etwas über 1,70 Meter groß, sehr hager und ernst. Wohl seit einer Viruserkrankung in jungen Jahren hängt einer seiner Mundwinkel, und die untere Zahnreihe hat er sich ersetzen lassen durch ein Gebiss aus dunkelrotem Sappanholz. Sein englischer Gast ist nur wenige Zentimeter größer, ebenso schlank, mit hoher Stirn und Nickelbrille auf der Nase.

Nun sitzen sich die beiden Männer an einem Tisch gegenüber, in einem leeren Saal, durch dessen Fenster ein fast makelloser Vollmond scheint. Diener tragen Tee, Liköre und Konfekt auf. Rama IV., den seine Untertanen weder berühren noch direkt ansehen dürfen, reicht dem Engländer mit eigener Hand eine Zigarre. Und Bowring verzichtet auf jede Einschüchterung und Machtgeste. Zwei Stunden lang unterhalten sich die Männer über unverfängliche Themen: die günstigste Reiseroute zwischen ihren Ländern, die Sprache des Sanskrit, westliche Medizin. Doch dieses erste Treffen setzt den respektvollen, ja freundschaftlichen Ton für die weiteren Verhandlungen.

Bei aller Freundlichkeit allerdings: Bowring und seine Delegation erreichen in dem Abkommen, das zwei Wochen später, am 18. April 1855, geschlossen wird, alles, was sie sich zum Ziel gesetzt hatten. Das königliche Handelsmonopol wird abgeschafft, britische Kaufleute können ungehindert Geschäfte machen mit allen ihren Partnern in Siam. Sie dürfen in der Hauptstadt und Umgebung Land erwerben und unterstehen der britischen Rechtsprechung eines in Bangkok ansässigen Konsuls.

Mongkut fügt sich ins Unvermeidliche, im Wissen, immerhin eine demütigende Behandlung wie bei Birma und China vermieden und die Unabhängigkeit seines Reichs bewahrt zu haben. Wichtigster Partner wird nun der Westen, und der Export von Reis, Teakholz und Zucker, später auch Kautschuk sorgt für einen Wirtschaftsboom. Schon bald schließt Siam mit 13 weiteren Nationen – von den USA über Frankreich bis Preußen – weitere Abkommen nach dem Vorbild des „Bowring-Vertrags".

Bangkok verändert sich bald rasant. Die Stadt aus Wasser wandelt sich binnen weniger Jahrzehnte zu einer internationalen Metropole mit Straßen und Avenuen, mit Kutschen und mit Kanalbrücken aus Eisen und Marmor. Ein neues Viertel entsteht, in dem Hotels, Banken, Kirchen und Konsulate europäischen Stils errichtet werden. Am Fluss, an den neuen Docks und Landungsbrücken, rauchen die Schlote von Sägewerken, Reismühlen und Dampfschiffen.

Nach dem Tod König Mongkuts im Jahr 1868 treibt sein Sohn Chulalongkorn als Rama V. die Reformen weiter: 1883 nimmt der erste Postdienst den Betrieb auf, 1887 die erste Tram, 1891 die erste Eisenbahn. Chulalongkorn gründet moderne Krankenhäuser und neue Schulen, reformiert Verwaltung, Armee und Strafrecht, schafft die Sklaverei und das Sich-Niederwerfen vor dem König ab. Er reist auch als erster siamesischer Herrscher nach Europa und trifft sich mit den Monarchen des Kontinents, immer mit dem einen Ziel: Sympathien für die Unabhängigkeit Siams zu gewinnen.

Das Land profitiert von seinen guten Beziehungen zu Staaten wie den USA und Russland, die keine kolonialen Interessen in der Region haben. Und von seiner Lage im Zentrum des südostasiatischen Festlands, wo es als Puffer zwischen den sich belauernden Rivalen Großbritannien und Frankreich dient. Vor allem aber ist es die geschickte Politik aus Reformen und Zugeständnissen, die Siam vor militärischen Interventionen bewahrt.

Bis 1893 tritt das Reich ein Viertel des von ihm kontrollierten Territoriums ab, bis 1909 sogar fast die Hälfte, vor allem Teile von Kambodscha und Laos an Frankreich und malaiische Provinzen an Großbritannien, dünn besiedelte Randgebiete und Vasallenstaaten. König Chulalongkorn vergleicht es mit dem „Verlust unserer Fingerspitzen. Sie sind weit von unserem Herzen und unserem Leib entfernt. Diese sind es, die wir unter allen Umständen schützen müssen."

Und es gelingt: Aus dem Königreich wird niemals eine Kolonie. Als einziges Land Südostasiens bleibt Siam – samt der prächtigen Metropole Bangkok – frei. ◊

LITERATURTIPPS

BAREND JAN TERWIEL
»Thailand's Political History. From the 13th Century to Recent Times«
Gut lesbare Darstellung von einem anerkannten Experten der thailändischen Geschichte (River Books).

MARYVELMA O'NEIL
»Bangkok – A Cultural History«
Charmante wie informative Stadtgeschichte (Oxford University Press).

GEO Buch „Die schönsten Bauwerke der Menschheit“

Von Stonehenge bis zum Burj Khalifa zeigt dieses Buch die schönsten, berühmtesten und faszinierendsten Bauwerke der Menschheit. Atemberaubende Fotos nehmen mit auf eine Reise über alle Kontinente und durch alle Epochen – von den ersten menschlichen Siedlungen bis zu spektakulärer Architektur des 21. Jahrhunderts.

Maße: 30,1 x 25,2 cm, 336 Seiten
Best.-Nr.: G729300
Preise: 39,95 € (DE)/41,10 € (A)/ 43.90 Fr. (CH)

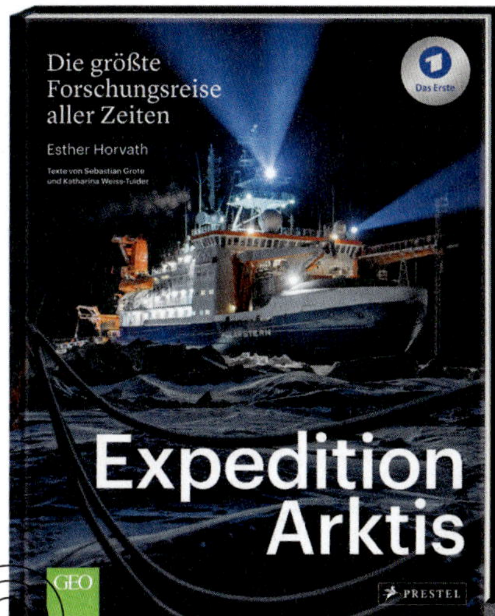

GEO Bildband „Expedition Arktis“

Im Herbst 2019 legte die Polarstern in Richtung Arktis ab – mit an Bord das internationale MOSAiC-Forscherteam. Ziel: Die Auswirkungen des Klimawandels auf das ewige Eis zu erkunden. Chronologisch dokumentiert der bildgewaltige Band in bisher ungesehenen Fotografien von Esther Horvath Leben und Arbeiten während der einjährigen Reise unter den extremen Bedingungen am Nordpol. Das Ganze begleitet von eindrucksvollen Essays und Beiträgen von Experten, Wissenschaftlern und Expeditionsteilnehmern.

Maße: 24 x 30 cm, 288 Seiten
Best.-Nr.: G729302
Preise: 50,00 € (DE)/51,40 € (A)/ 55.00 Fr. (CH)

Coupon einfach ausfüllen, ausschneiden und senden an: GEO Kundenservice, 74569 Blaufelden

GEO-Bestellcoupon – versandkostenfreie Lieferung ab 80,– €!

Ich bestelle folgende Artikel:

Produktbezeichnung	Best.-Nr.	Preis D	Menge
☐ GEO Buch „Wer wir waren – das Buch zum Film“	G729316	34,95 €	
☐ GEO Buch „Die schönsten Bauwerke der Menschheit“	G729300	39,95 €	
☐ GEO Bildband „Expedition Arktis“	G729302	50,00 €	
Gesamtsumme: (zzgl. 3,90 € Versandkosten, versandkostenfreie Lieferung ab einem Bestellwert von 80,00 €)			

Meine persönlichen Angaben: (bitte unbedingt ausfüllen)

Name I Vorname

Straße I Nummer — PLZ I Wohnort — Geburtsdatum

Telefon — E-Mail

Unsere Kunden informieren wir gemäß § 7 Abs. 3 UWG per E-Mail über eigene ähnliche Angebote aus unserem Verlag. Dem können Sie über den Abmeldelink am Ende jeder E-Mail oder Hinweis an abo-service@guj.de widersprechen.

☐ Ich zahle per Rechnung ☐ Ich zahle bequem per Bankeinzug (nur in Deutschland möglich)

BIC — IBAN

Bankinstitut

SEPA-Lastschriftmandat: Ich ermächtige die Gruner+Jahr GmbH, Am Baumwall 11, 20459 Hamburg, Gläubiger-Identifikationsnummer DE31ZZZ00000031421, wiederkehrende Zahlungen von meinem Konto mittels Lastschrift einzuziehen. Zugleich weise ich mein Kreditinstitut an, die von der Gruner+Jahr GmbH auf mein Konto gezogenen Lastschriften einzulösen. Die Mandatsreferenz wird mir separat mitgeteilt. **Hinweis:** Ich kann innerhalb von 8 Wochen, beginnend mit dem Belastungsdatum, die Erstattung des belasteten Betrages verlangen. Es gelten dabei die mit meinem Kreditinstitut vereinbarten Bedingungen.

Auslandspreise auf Anfrage.

Widerrufsrecht: Sie können die Bestellung binnen 14 Tagen ohne Angabe von Gründen formlos widerrufen. Die Frist beginnt an dem Tag, an dem Sie die Lieferung erhalten, nicht jedoch vor Erhalt einer Widerrufsbelehrung gemäß den Anforderungen von Art. 246a § 1 Abs. 2 Nr. 1 EGBGB. Zur Wahrung der Frist genügt bereits das rechtzeitige Absenden ihres eindeutig erklärten Entschlusses, die Bestellung zu widerrufen. Sie können hierzu das Widerrufs-Muster aus Anlage 2 zu Art. 246a EGBGB nutzen. Der Widerruf ist zu richten an: GEO Versandservice, 74569 Blaufelden; Telefon:+49(0)40-42236427; Telefax: +49(0)40-42236663; E-Mail: guj@sigloch.de

Datum I Unterschrift

Aktionsnr.: G00178

ERSTES ZIEL der Expeditionsteilnehmer sind die Ruinen der Khmer-Stadt Angkor im kambodschanischen Dschungel

HÖLLEN

ZWEI JAHRE sind die Männer, fast alle Marineoffiziere, unterwegs (Gruppenbild aus Angkor)

TEXT: *Katrin Diederichs*

TOUR DURCH DEN DSCHUNGEL

1866 bricht in Saigon, das wenige Jahre zuvor von französischen Truppen erobert wurde, eine sechsköpfige Expeditionsgruppe per Dampfschiff gen Norden auf: Die Männer sollen den Lauf des Mekong erforschen, einen Handelsweg nach China finden – und so die Expansion Frankreichs in Südostasien vorantreiben. Doch der gigantische Fluss erweist sich als unberechenbarer Gegner

Am 18. Juni 1867 muss sich Ernest Doudart de Lagrée dem Mekong geschlagen geben. Wohin das Auge reicht, tosen die Stromschnellen von Tang-Ho vor dem französischen Marineoffizier und seinen fünf Kompagnons. Schäumend schießt der Strom hier, im dichten Dschungel zwischen Laos und Birma, vorbei an meterhohen Felsbrocken. Die schlammbraunen Fluten drücken gegen die Einbäume der Männer, die sich flussaufwärts fortzubewegen versuchen, Treibholz und aufgewühlte Steine schlagen an die Bootsspitzen.

Es ist aussichtslos. Mit keinem Schiff lässt sich diese Naturgewalt bezwingen, schon gar nicht zu dieser Jahreszeit: Der täglich stärker werdende Monsun spült Unmengen an Regenwasser in den Fluss, macht die Stromschnellen, die sich von hier aus weit nach Norden erstrecken, zu einem unüberwindbaren Hindernis. Außerdem sind die Männer längst entkräftet, von Strapazen und Krankheit schwer gezeichnet.

ANFÜHRER der Expedition: Ernest Doudart de Lagrée, ein Fregattenkapitän, wird die Strapazen der Tour nicht überleben

EIFRIG dokumentiert die Gruppe Bauten, Menschen, Pflanzen entlang ihrer Route. Hier liegt ihr Dampfer vor Phnom Penh

Wenn sie weiterkommen wollen, davon ist Lagrée mittlerweile überzeugt, müssen sie den Mekong verlassen. Vielleicht, so die Annahme des Kommandanten, können sie es durch den Urwald bis zu den Bergen im Norden schaffen, zu Fuß endlich ihr Ziel erreichen: China. Spätestens dort gibt es Hoffnung – auf befestigte Straßen, schützende Steinhäuser, Betten. Und auf einen sicheren Weg zurück nach Saigon, den Ausgangspunkt ihrer Reise ins Unbekannte.

Schon seit einem guten Jahr kämpfen sich Lagrée und seine Mitstreiter durch das Innere Südostasiens. Im Auftrag Frankreichs sollen sie den Mekong, den größten Strom der Region, auskundschaften. Um wissenschaftliche Erkenntnisse zu sammeln, aber vor allem, um einen Handelsweg nach China zu finden.

Denn diese Expedition, eine der gewagtesten jener Erkundungstouren, die Europäer im 19. Jahrhundert überall auf dem Globus unternehmen, um fremde Landstriche zu ergründen, ist auch ein Profit- und Machtprojekt. In einer Zeit, in der sich westliche Großmächte immer größere Teile Asiens einverleiben, soll sie die koloniale Expansion Frankreichs vorantreiben.

Dafür allerdings müssen die Teilnehmer lebend zurückkehren.

Ein letztes Mal gibt Lagrée vor den Stromschnellen von Tang-Ho nun den Befehl, die Stakhölzer in den Flussboden zu rammen. Mithilfe der drei Meter langen Stangen bugsieren die einheimischen Ruderer die Boote an das Westufer.

°

RUND 20 JAHRE ZUVOR, um 1850, blicken die Franzosen nach Großbritannien – und fühlen sich ungenügend. Im weltweiten Ringen der europäischen Staaten um Kolonien und Rohstoffe hat Paris gegenüber London bislang meist das Nachsehen gehabt, vor allem in Asien.

Eine vielversprechende Gegend haben bislang allerdings weder die Briten noch eine andere europäische Kolonialmacht unterworfen: das südostasiatische Festland östlich von Siam, an dessen Küste sich s-förmig das Kaiserreich Vietnam erstreckt. Von dort aus, so überlegen Verantwortliche in Paris, könnte man sogar einen neuen Handel mit China eröffnen, Einfluss auf dessen bisher von den Engländern vernachlässigte Westprovinzen gewinnen.

Einen Vorwand für die Franzosen, tatsächlich nach Südostasien auszugreifen, liefert schließlich die Religion. Schon seit 1650 sind französische Missionare in

DA SICH ihr Schiff bald als untauglich erweist, steigen die Männer in Holzboote um (Bergung einer Khmer-Statue)

ZEHREND ist die Reise durchs Unbekannte; Hitze und tropische Krankheiten setzen den Franzosen zu (Ruinen in Angkor)

Vietnam tätig. Doch den Monarchen des Landes missfällt der wachsende Einfluss der Katholiken. Zahlreiche Kirchenleute werden zum Teil heftig drangsaliert.

Als Kaiser Tu Duc 1857 einen Bischof öffentlich enthaupten lässt, nutzt Frankreich die Gelegenheit, um einzugreifen: Im Sommer des folgenden Jahres segelt eine Flotte mit 2000 Soldaten auf die Küste Vietnams zu.

Nach langwierigen Kämpfen erobern die französischen Truppen mehrere Siedlungen im Süden. Im Juni 1862 beugt sich Tu Duc schließlich und stimmt einem demütigenden Vertrag zu. Er muss die drei Provinzen um die wichtige Stadt Saigon (zusammen „Cochinchina" genannt) an Paris abtreten, mehrere Häfen für die Handelsschiffe der Eroberer öffnen und den in seinem Herrschaftsbereich lebenden Christen Religionsfreiheit gewähren. Frankreich hat seinen ersten großen Stützpunkt in Südostasien.

Ein Jahr später fallen auch große Teile des Nachbarlandes Kambodscha in die Hände der Europäer: Weil er sich von der Oberherrschaft der benachbarten Großmacht Siam lösen will, sucht der in Phnom Penh regierende König den Schutz der Franzosen – und unterstellt ihnen sein Land als Protektorat.

Doch die neuen Gebiete sind für Paris zunächst ein Verlustgeschäft. Denn die Region wirft neben Reis kaum Exportgüter ab, mit denen sich die Kolonie selbst finanzieren könnte.

Auch deshalb drängen bald ehrgeizige Militärs den französischen Gouverneur in Saigon, eine Erkundungsexpedition nach Norden zu schicken. Die Vision: Der Mekong, jener riesige Strom, der einige Dutzend Kilometer südlich der Stadt in den Ozean mündet, erweist sich als die erhoffte Handelsroute nach China. Als Weg zu mehr Geld – und mehr Einfluss: Entlang seiner Ufer würde sich Frankreich neue Territorien aneignen, bald über den Großteil Südostasiens herrschen. Zudem hoffen die Befürworter darauf, am Fluss auf Edelmetalle und andere Bodenschätze zu stoßen.

Bislang sind nur die ersten rund 300 Kilometer des Stroms von französischen Vermessungstrupps inspiziert worden. Über die restlichen gut 4000 Kilometer Flusslauf wissen die Europäer kaum Genaues, auch Karten gibt es nicht. Und so stellt der Kolonialgouverneur 1865 die „Kommission für die Mekong-Erkundung" zusammen.

Z

Zum Leiter des Expeditionstrupps ernennt er Ernest Doudart de Lagrée, einen 42-jährigen Fregattenkapitän, der sein diplomatisches Geschick schon für Frankreichs koloniale Expansion eingesetzt hat: In Phnom Penh hat der Franzose mit dem kambodschanischen König den Vertrag über das Protektorat ausgehandelt.

Der Gouverneur stellt Lagrée fünf Männer zur Seite, fast alle Marineoffiziere mit nützlichen Fähigkeiten: Einer verfügt über Kenntnisse in Schiffsmechanik, ein anderer ist künstlerisch begabt und soll Bauten, Menschen und Pflanzen dokumentieren; ein Marinearzt ist dabei sowie ein Fachmann für Mineralien.

Und Leutnant Francis Garnier, ein klein gewachsener 26-Jähriger mit durchdringenden Augen und schwarzem Bart, der zum stellvertretenden Kommandanten ernannt wird. Er soll zudem als Landvermesser tätig werden – und als Protokollant: Akribisch hat er den Verlauf des Unternehmens zu dokumentieren, alle wissenschaftlichen und politischen Erkenntnisse festzuhalten.

Nach mehreren Monaten sind die Vorbereitungen abgeschlossen, Material und Verpflegung beisammen: 500 Kilogramm an haltbarem Proviant, Mehl, Kekse und zweimal gebackenes Brot; diverse wissenschaftliche Instrumente sowie Gläser und Konservierungsmittel, um Pflanzen zu transportieren, Zeichenblöcke und Stifte; Goldbarren und Münzen im Wert von mehr als 25 000 Francs – etwa der 30-fache Jahreslohn eines französischen Arbeiters –, mit denen die Franzosen entlang des Weges frische Lebensmittel wie Milch und Fleisch bezahlen wollen und Einheimische entlohnen können, deren Hilfe sie in Anspruch nehmen müssen. Dazu Tauschgüter wie Seidentücher und Messingdraht, da nicht bekannt ist, ob es bei den Stämmen im Landesinneren überhaupt Geldwirtschaft gibt. Und schließlich: gut 1000 Liter Rotwein.

Am 5. Juni 1866 brechen die sechs Franzosen, begleitet von einem Kapitän, ein paar Soldaten und drei Dolmetschern, in Saigon auf. Mittags legt das kleine, nur gut zehn Meter lange Dampfschiff vom Anleger ab. Salutschüsse donnern, mehr als 100 Schaulustige verabschieden die Pioniere.

Nachdem sie das Mekong-Delta erreicht haben, geht es flussaufwärts; mühelos überwindet das Schiff die nur leichte Strömung. Nach drei Tagen überquert die Besatzung bereits die Landesgrenze nach Kambodscha.

Doch anstatt so schnell wie möglich zu den unerforschten Gebieten weiter im Norden vorzustoßen, lässt Lagrée das Schiff nahe Phnom Penh in einen Nebenfluss einschwenken. Denn die Expeditionsteilnehmer haben zunächst eine wichtige Zusatzmission zu erfüllen.

Im kambodschanischen Dschungel erheben sich in einer überwucherten Tiefebene die Ruinen der Kapitale der einst mächtigen Khmer-Könige: Angkor. In deren Blütezeit um 1200 lebten bis zu einer Million Menschen in dem gewaltigen Stadtkomplex aus mehr als 1000 Palästen und Tempeln. Nach dem Niedergang des Reiches um 1430 aber verfielen die Bauten, überwuchsen Lianen die kunstvollen Flachreliefs der Außenwände, schlugen riesige Würgefeigen ihre Wurzeln in die bröckelnden Sandsteinmauern.

Die Männer um Lagrée sollen die Ruinen, von deren Existenz erst wenige Jahre zuvor unter anderem französische Reisende berichtet haben, nun systematisch erkunden. Ihr Besuch in Angkor ist zudem ein politisches Statement, soll den Anspruch Frankreichs auf dieses kostbare Erbe einer vergangenen Hochkultur signalisieren. Und so das internationale Prestige der Grande Nation mehren.

Sieben Tage bleiben Lagrée und seine Männer in der Khmer-Stadt, inspizieren auf Elefanten das Terrain, vermessen Mauern, fotografieren, fertigen über 100 detaillierte Zeichnungen an, vor allem von der größten Tempel-

DER ZWEITE Kommandant der Expedition: Francis Garnier, der nach einer Infektion tagelang bewusstlos ist, dient der Gruppe als Vermesser und Protokollant anlage der Region, Angkor Wat. „Vielleicht nirgendwo", notiert Garnier begeistert, „ist so eine riesige Masse an Steinen so kunstvoll zusammengebaut worden."

Doch die Euphorie währt nicht lange. Als die Männer am 1. Juli ihre Fahrt auf den Wassern des Mekong fortsetzen, zerfällt bald ihr Plan, den Strom so weit wie möglich mit dem Dampfschiff zu erkunden. Zwar ist das Flussbett hier immer noch rund einen Kilometer breit. Aber mehr und mehr Inseln ragen auf, und die Strömung wird stetig stärker.

ENDLICH EIN KÜHLERES KLIMA

Schon nach zwei Tagen verweigert der Kapitän die Weiterfahrt. Zu ungewiss ist ihm die Lage flussaufwärts, zu groß die Gefahr, dass das Schiff Schaden nehmen könnte.

Lagrée findet eine Lösung: Bei den Dorfbewohnern der Umgebung bittet er um Einbäume, die diese ihm auch klaglos zur Verfügung stellen – der Kommandant verfügt über offizielle Schreiben des kambodschanischen Königs, die dessen Untertanen zu Hilfe verpflichten.

An den Außenseiten der bis zu zehn Meter langen Einbäume sind hohle Bambusrohre befestigt, die die Boote wie eine Art Floß umschließen. Auf ihnen balancieren ständig sechs bis acht einheimische Bootsleute, die die wackeligen Schiffskonstruktionen durch die Fluten manövrieren. Meistens macht die Strömung das Rudern unmöglich; dann rammen die Helfer lange, mit Haken versehene Holzstangen in das schlammige Flussbett, schieben so die Einbäume vorwärts.

Die Franzosen verbringen die Tage nun unter einer niedrigen Persenning aus Palmenblättern. Der zu dieser Jahreszeit immer stärker werdende Regen durchnässt ihre Kleidung. Nachts liegen die Expeditionsteilnehmer zusammengerollt auf den feuchten Böden ihrer Einbäume, schlafen oft nur wenige Stunden, weil Moskitos ihre Beine zerstechen.

Felsen und tosende Engstellen behindern bald zunehmend die Fahrt. Manchmal wuchtet die Besatzung die Boote mithilfe von Seilen über meterhohe Brocken, andernorts müssen sie die Einbäume über Land schleppen.

Und zu den Mühen kommen nun auch Krankheiten. Zunächst zieht sich der Marinearzt Malaria zu, anschließend fiebern zwei der Bootsmänner. Am schlimmsten aber trifft es den sonst so robusten Garnier: Anfang August – die Franzosen haben mittlerweile das heutige Laos erreicht, das zu der Zeit zum Königreich Siam gehört –, infiziert sich der zweite Kommandant mit einer den Europäern bis dahin unbekannten Krankheit, vermutlich einer durch Milben übertragenen Fleckfieber-Variante. Für 18 Tage verliert er das Bewusstsein.

Er erwacht ausgerechnet an jenem Tag, an dem die Franzosen eine weitere Enttäuschung erleben müssen: Am 17. August türmt sich vor ihnen eine bis zu 20 Meter hohe Stufe auf, von der ihnen unfassbare Wassermassen entgegenschießen: die später so genannten Mekong-Fälle, dem Volumen nach die drittgrößten Wasserfälle der Welt.

Schnell ist klar: Nie wird ein Dampfschiff dieses Hindernis überwinden können. Nie wird der Mekong als durchgängiger Handelsweg zwischen China und Saigon dienen können.

Doch umzukehren kommt für den Kommandanten nicht infrage. Schließlich trägt er den handgeschriebenen Befehl des Kolonialgouverneurs mit sich: Dem Mekong sollen sie „so weit wie möglich" folgen! So weit es geht auf seinem Lauf vorstoßen und Frankreichs kolonialen Vormarsch nach Norden vorbereiten. Und so umgehen die Männer auch die Wasserfälle zu Fuß – und setzen ihre Flussfahrt ins Ungewisse auf der anderen Seite fort.

°

WIE EIN HEILSAMES Refugium wirkt der Ort, den die Expedition am 11. September 1866 erreicht: Malerisch reihen sich vor einer grünen Hügelkette die Holzhütten der Siedlung Bassac entlang des Flusses. Das Klima hier ist angenehm kühl, weitaus besser zu ertragen als die Witterung auf der bisherigen Tour.

Lagrée und Garnier haben sich schon vor der Reise schriftliche Schutzversprechen des Oberherrn der Region verschafft, des Königs von Siam. Und so nimmt der einheimische Herrscher die Fremden freundlich auf.

Dreieinhalb Monate verbringen die Franzosen hier, erkunden das Umland, spüren unbekannten Pflanzen nach, trocknen Orchi-

MIT STAKEN bewegen Einheimische die Boote der Franzosen durch die Fluten – wie bei dieser Transportfahrt nahe Angkor

VON SAIGON NACH CHINA 1866–1868

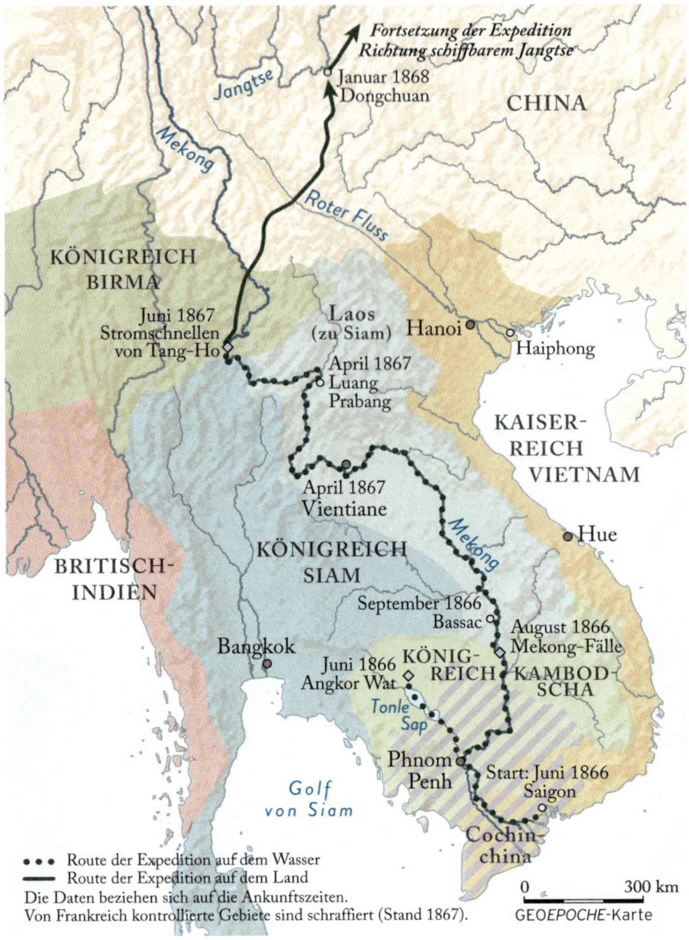

RUND 11 000 KILOMETER legt die Expeditionsgruppe binnen 25 Monaten zurück. Obwohl die Franzosen an den Mekong-Fällen erkennen, dass der Strom für Handelsschiffe unbefahrbar ist, setzen sie ihre Erkundungen bis zu den unüberwindbaren Stromschnellen von Tango-Ho fort – und marschieren von dort in der Regenzeit bis zur chinesischen Grenze und dann weiter zum Roten Fluss. Noch vor Erreichen des Jangtse, über den ihre Heimreise führt, erliegt Expeditionsleiter Lagrée in dem Ort Dongchuan einer Krankheit

deen und andere seltene Blumen, um sie mitzunehmen. Lagrée geht Gerüchten über Silberminen in der Umgebung nach: An immer neue Orte schicken ihn die Einheimischen, bis dem Franzosen schließlich klar wird, dass die Laoten ihr Wissen um die Reichtümer nicht teilen wollen.

Sie laden die Besucher stattdessen zu wilden Kanurennen ein, die sie jedes Jahr zum Ende der Regenzeit veranstalten. Die Europäer revanchieren sich, indem sie den Künstler in ihrer Runde reihenweise Porträts der Einheimischen zeichnen lassen.

Lange Pausen wie in Bassac kommen jedoch bald nicht mehr infrage. Die Vorräte schwinden – vor allem aber die Bestände an Edelmetall und Bargeld, mit denen sie ihre Bootsmänner, Essen, zum Teil auch Unterkünfte bezahlen. Als der Trupp Ende April des folgenden Jahres Luang Prabang erreicht, die größte Siedlung im nördlichen Laos, sind nur noch rund 10 000 Francs für die weitere Reise übrig. Und so drängt Lagrée

DIE MÄNNER umgehen mehrmals schwierige Passagen – und geben ihre Boote schließlich auf

bereits nach drei Wochen zur Weiterfahrt. Eine fatale Entscheidung, denn damit fällt ihre nächste Etappe genau in die Regenzeit.

A

Am 18. Juni 1867 erreichen die Franzosen die unüberwindlichen Stromschnellen von Tang-Ho. An die 2000 Kilometer haben sie mittlerweile von der Flussmündung nahe Saigon zurückgelegt und müssen nun, schlecht dafür ausgerüstet, den Fluss verlassen und die Weiterreise an Land antreten. (Nur einmal noch, kurz vor der chinesischen Grenze, werden die Männer den Mekong wiedersehen – und ihn nach der Überquerung sofort wieder verlassen.)

Schnell wird der Marsch durch den Dschungel zur Höllentour: Unter andauerndem Monsunregen, die Tropfen so groß wie Kirschen, schlägt sich der Trupp durch das von Farnen überwucherte Unterholz. Die Landschaft ist bergig, in ihren Tälern verwandelt der Regen den Boden in Seen, manche so tief, dass die Männer bis zur Hüfte im Wasser waten. Nachts schlafen sie, in Felle gehüllt, im Morast; wenn das Feuer ausgeht, verbeißen sich Blutegel in ihre Beine.

Bei dem Expeditionszeichner bilden sich in den offenen Wunden Geschwüre, sodass er nach wenigen Tagen nicht mehr laufen kann. Mithilfe einer aus Ästen zusammengebauten Trage schleppen ihn die anderen weiter.

GEWALTIG sind Ausmaß und wissenschaftlicher Ertrag der Expedition. Dennoch würdigt einzig die Fachwelt die enorme Leistung der Teilnehmer, die hier für ein Erinnerungsbild posieren

Kaum 15 Kilometer pro Woche legt der Trupp so zurück; manchmal dauert es Tage, bis sie das nächste Dorf erreichen. Und auf Gastfreundschaft stoßen die Franzosen in dieser entlegenen Gegend nur noch selten: Die Menschen lassen sie nicht in ihre Hütten, fürchten, dass der von Beulen übersäte Kranke auf der Bahre verflucht sein könnte. Ihre Anführer, in dieser Region Vasallen des Königs von Birma, akzeptieren zudem die Schutzbriefe aus Bangkok nicht, verlangen Wegezoll oder Geschenke.

Schuhe und Kleidung verschleißen. Bald hungern die Europäer, tauschen ihre Habseligkeiten für etwas Essen ein: einen Mantel gegen zwei Hühner, eine Weste für eine Gurke. Sogar mit Weihwasser gesegnete Heiligenbilder gibt der Kommandant weg: Sankt Antonius von Padua für einen Kürbis, den heiligen Pankratius für einen Korb Süßkartoffeln.

Vier zehrende Monate nach dem Abschied vom Mekong erreichen sie die chinesische Grenze. Statt durch dichten Dschungel wandern sie jetzt in Tälern mit Erbsen- und Bohnenfeldern, es gibt Straßen, gemauerte Häuser erheben sich mit spitzen Ziegeldächern an den von Kiefern bewachsenen Berghängen. Dank chinesischer Visa, die sie vor Reisebeginn in Beijing beantragt haben, erhalten sie Nahrung, Unterkünfte und Gepäckträger häufig umsonst.

Endlich ist ein Ende der Reise in Sicht. Auf Chinas längstem Strom, dem Jangtse, will Lagrée seine Mannschaft per Schiff an die Küste bringen, von dort übers Meer zurück nach Saigon.

Doch dann eine überraschende Entdeckung: Die Männer haben bereits zuvor von einem Fluss gehört, der im Norden Vietnams die wichtigen Handelsstützpunkte Haiphong und Hanoi miteinander verbindet; dort nennen ihn die Einheimischen wegen seines ockerfarben schimmernden Wassers auch „Song Hong", den „Roten Fluss".

Nun stehen die Franzosen am Ufer eines Stromes, dessen Wasser ebenfalls rötlich schimmert. Sollte es sich um dasselbe Gewässer handeln? Aufregung. Mehrere Tage erkunden sie den Lauf, befragen Einheimische. Und tatsächlich: Der Strom, den sie hier „Yuan Jiang" nennen, scheint tatsächlich jener „Rote Fluss" zu sein – und offenbar können ihn über weite Strecken Frachtschiffe befahren. Dies könnte, wenn auch deutlich weiter im Norden als der Mekong, der ersehnte Verbindungsweg zwischen Südostasien und China sein.

Halbwegs zufrieden begeben sich die Männer auf die Heimreise. Doch dann erkrankt Lagrée an einer Darmentzündung, die auch seine Leber angreift. Er stirbt am 12. März 1868 in einem Ort namens Dongchuan, nicht weit vom Jangtse entfernt.

Garnier übernimmt das Kommando – und führt die Gruppe schließlich zurück. Am 29. Juni, über zwei Jahre nach ihrer Abreise, erreichen die Überlebenden der Mekong-Erkundungskommission Saigon.

°

IN FRANKREICH ABER, das inzwischen in einen innereuropäischen Konflikt mit Preußen verstrickt ist, interessiert sich kaum jemand mehr für ihre Expedition und deren Ergebnisse. Daran kann auch der offizielle vierbändige Bericht nichts ändern, den Garnier in mehrjähriger Arbeit vollendet.

Lediglich in den großen geografischen Gesellschaften Europas werden die Mekong-Pioniere gefeiert, für die überwältigende Menge an geografischen, ethnografischen und botanischen Beobachtungen, die sie von ihrer Reise mitgebracht haben, aber auch für den schieren Umfang ihrer Unternehmung: Insgesamt haben die Franzosen gut 11 000 Kilometer zurückgelegt, mehr als die Hälfte davon durch zuvor nicht kartografiertes Gebiet.

Und so nennt etwa die ehrwürdige Royal Geographical Society in London die Expedition „die glücklichste und vollständigste des 19. Jahrhunderts", wird Garnier bei einem europäischen Geografenkongress gemeinsam mit der britischen Entdecker-Legende David Livingstone geehrt.

Und auch das Kalkül der französischen Kolonialisten geht langfristig auf: Einige Jahre nach der Durchdringung Südostasiens durch die Forscher folgt tatsächlich die Einnahme der Region.

Im Jahr 1884 erringt Paris mit Waffengewalt und diplomatischem Druck die Kontrolle über Mittel- und Nordvietnam. Weitere neun Jahre später muss Siam die meisten derjenigen Gebiete an Frankreich abtreten, durch die Lagrée und seine Kompagnons als erste Europäer gereist sind, wird das heutige Laos als fünfte Region (nach Nord-, Mittel- und Südvietnam sowie Kambodscha) in die 1887 gegründete „Indochinesische Union" eingegliedert.

Der Rote Fluss hingegen wird nie zu dem erhofften Handelsweg ins Reich der Mitte: Zwei spätere Expeditionen zeigen, dass dieser Strom wie der Mekong nur bedingt schiffbar ist.

Und doch gelingt es den Franzosen, Indochina ab etwa 1900 zu ihrer wohl lukrativsten Kolonie zu machen. Vor allem indem sie ein teuflisches Handelsgut systematisch fördern: Opium. ◊

LITERATURTIPPS

JOHN KEAY
»Mad about the Mekong«
Spannende Schilderung der Mekong-Expedition (Harper Collins).

PIERRE BROCHEUX, DANIEL HÉMERY
»Indochina«
Wissenschaftliches Standardwerk (University of California Press).

IN KÜRZE

Die französische Mekong-Expedition zählt zu den ambitioniertesten Erkundungstouren des 19. Jahrhunderts. Zwar entdecken ihre Teilnehmer, anders als erhofft, keinen für die Handelsschifffahrt geeigneten Weg zwischen Saigon und China. Dennoch beschleunigt das Unternehmen, etwa durch die kartografische Arbeit der Gruppe, die koloniale Expansion Frankreichs in Südostasien.

Neu!
GEO+
Opulent. Tiefgründig. Unterhaltsam.
GEO+
Das Beste von GEO zum Lesen, Hören und Genießen:
+ bereicherndes Wissen zu den Themen unserer Zeit
+ aufwendige Reportagen, spannende historische Geschichten
+ fundierte Ratgeber zu Gesundheit, Psychologie, Nachhaltigkeit
+ Podcasts und ausgewählte Texte im Vorlesemodus
+ Zugang zur Digital-Ausgabe von GEO
Jetzt 30 Tage gratis testen!
Ab 8,33 € mtl. im Jahresabo werbefrei nutzen, inkl. GEOcard
GEOcard
Haben Pflanzen Gefühle?
Jetzt kostenlosen Probemonat starten:
www.geo.de/plus-testen
Anbieter des Abonnements ist Gruner + Jahr GmbH. Belieferung, Betreuung und Abrechnung erfolgen durch DPV Deutscher Pressevertrieb GmbH als leistenden Unternehmer.

DIE FREMDEN AUS DEM NORDEN

Millionen Chinesen wandern nach Südostasien aus. Viele leben dort im Elend. Manche aber erlangen Wohlstand – und sogar Macht

TEXT: *Svenja Muche*

Nur der Dschungel bietet Schutz vor dem Zorn der Minenarbeiter. Zu Hunderten ziehen sie im Jahr 1876 durch die siamesische Provinz Ranong, attackieren Amtsträger und Einwohner. Wer nicht rechtzeitig ins Dickicht der Wälder flieht, riskiert sein Leben. Mehr als 20 Menschen sterben.

Der Großteil der Aufrührer stammt aus China – so wie ihr Feindbild, Khaw Soo Cheang, Chef der Minen und zugleich Gouverneur der Provinz. Wie seine Arbeiter kam Khaw einst mittellos aus dem Norden nach Südostasien. Doch anders als sie hat er es vom armen Migranten zum reichen Magnaten gebracht, mit Geschäftssinn – und mit Rücksichtslosigkeit. Die rächt sich nun: Ranong brennt. Und Khaw kann nichts tun. Er ist auf Besuch in der alten Heimat.

Seit Jahrhunderten schon kommen mit den Dschunken chinesischer Händler auch Auswanderer nach Südostasien. Nach 1800 wächst deren Zahl nochmals deutlich, allein die Malaiische Halbinsel erreichen im 19. Jahrhundert etwa fünf Millionen Migranten aus China. Im Reich der Mitte nimmt die Bevölkerung rasant zu, in Dürreperioden können die Menschen kaum mehr versorgt werden. Bürgerkriege verschärfen die Not.

Südostasien dagegen ist vergleichsweise dünn besiedelt. Goldminen sowie Plantagen für Pfeffer und Zucker, später auch für Kautschuk, versprechen Arbeit, Handelsniederlassungen europäischer Kolonialmächte verheißen lukrative Geschäfte.

Im britisch kontrollierten Penang, im Westen der Malaiischen Halbinsel, kommt 1822 auch Khaw Soo Cheang an, ein 25-Jähriger aus einem Dörfchen in der südchinesischen Provinz Fujian. Vermutlich verdingt er sich zunächst als Orangenverkäufer, verdient aber schließlich genug, um ein Boot zu kaufen und zwischen den Küstenorten der Gegend Handel zu treiben.

Vor allem ein Geschäft läuft gut: In der nahen siamesischen Provinz Ranong gibt es Zinnvorkommen, für die sich leicht Abnehmer finden lassen. 1844 erwirbt Khaw dort das Monopol für das Metall; ohne seine Zustimmung darf es nun niemand mehr abbauen. Er vergibt Lizenzen für Minen an andere Betreiber, richtet auch selbst mehrere Bergwerke ein.

In Europa und Nordamerika nimmt unterdessen die Industrialisierung Fahrt auf, der Bedarf an Gütern aus Südostasien nimmt zu, etwa an Zinn, das für die Herstellung von Weißblech benötigt wird. Stetig steigert Khaw den Ertrag seiner Minen nun und sendet regelmäßig hohe Steuerbeträge nach Bangkok. In der Hauptstadt Siams macht das offenbar Eindruck. 1854 erhält er den Posten als Gouverneur von Ranong, bekommt acht Jahre darauf sogar einen hohen Adelsrang verliehen.

Aber der Unternehmer ist die große Ausnahme. Manche der meist männlichen chinesischen Einwanderer lassen sich zwar als Handwerker oder Händler nieder, heiraten in einheimische Familien. Die Mehrzahl dagegen heuert auf Plantagen und in Minen an, in der Hoffnung, bald genug für ein besseres Leben in der Heimat verdient zu haben.

Doch die Löhne sind knapp – die Bedingungen extrem hart. Arbeitsunfälle und Krankheiten wie Malaria und die Ruhr töten jährlich Tausende. Besonders die Bergleute trifft es schwer, mancherorts stirbt innerhalb eines Jahres die Hälfte von ihnen. Dazu die Feindseligkeiten: Mitunter kommt es zu Ausschreitungen der Einheimischen gegen die Fremden. Viele Migranten betäuben Heimweh und Erschöpfung mit Opium – und schaffen dadurch zusätzlichen Profit für Plantagenbesitzer und Minenbetreiber wie Khaw, die die Droge nebenbei verkaufen. Es ist das perfekte Ausbeutungssystem.

So braucht es nicht viel, um einen Aufstand zu entfachen. Schnell steigern sich die Minenwerker in eine Zerstörungswut, streifen im Hass auf die Verhältnisse durch die Straßen. Erst als ein Kanonenboot Verstärkung aus einer Nachbarprovinz bringt, können die örtlichen Regierungskräfte die Revolte niederschlagen.

Als Khaw Soo Cheang aus China zurückkehrt, sind die Kämpfe wohl schon vorbei. Dass seine Provinz im Chaos versunken ist, schadet dem Gouverneur aber offenbar nicht. Im Jahr nach dem Aufstand scheidet er 80-jährig mit allen Ehren aus dem Amt.

Bei seinem Tod 1882 umfasst Khaws Imperium nicht nur Zinnminen in mehreren Provinzen, sondern auch Schiffe. Auf ihnen kommen Waren aus China nach Siam – und bald schon Tausende neuer Glückssucher. ◊

Die meisten Einwanderer aus China, die sich etwa auf der Malaiischen Halbinsel niederlassen, arbeiten hart für karge Löhne. Doch mit merkantilem Gespür und Unverfrorenheit glückt Khaw Soo Cheang (oben) bis 1854 der Aufstieg zum Minenbetreiber und Gouverneur

KAMPF um die

1896 entbrennt auf den Philippinen ein Aufstand gegen die Kolonialmacht Spanien. Nach herben
den Freiheitskampf der Filipinos zu unterstützen. Tatsächlich aber verfolgen die vermeint

FREIHEIT

Rückschlägen verbünden sich die Rebellen mit den USA, die im Krieg mit Madrid liegen – und vorgeben,

lichen amerikanischen Helfer ein anderes Ziel. Und so werden auch sie bald zu verhassten Gegnern

EMILIO AGUINALDO wird zum Führer des bewaffneten Aufstands der Einheimischen. Im Juni 1898 ruft er die Unabhängigkeit des philippinischen Archipels aus und beginnt mit dem Aufbau einer Regierung

SECHS JAHRE kämpfen die Menschen auf den Philippinen für ihre Souveränität – erst gegen Spanier, dann gegen Amerikaner (US-Soldaten im Schützengraben)

TEXT: *Reymer Klüver*

Stille liegt über der Bucht von Manila. Sonst queren Küstendampfer, die schwarzen Kohlenrauch speien, das Wasser vor der Hauptstadt der Philippinen, und schmale Balangays, philippinische Segelboote. Lastensegler aus Hongkong und dem fernen Europa durchpflügen die Passage Boca Grande, die größere der beiden Zufahrten zur Bucht.

Doch nun bewegt sich so gut wie nichts. Dafür ankern mächtige US-amerikanische Kriegsschiffe in dem seichten Küstenareal, die Geschütze binnen Minuten gefechtsklar. An Land, vor allem hinter den Befestigungsanlagen von Manila, haben sich Tausende Soldaten der spanischen Kolonialmacht verschanzt, weitgehend isoliert vom Rest der Welt, in der Hoffnung, dass ihnen das Mutterland Entsatz schicken könnte.

Die Kriegsschiffe der Spanier liegen zerschossen auf dem Grund der Bucht, bei einem Überraschungsangriff vor wenigen Wochen versenkt von der amerikanischen Flottille, die die Stadt nun von See her abriegelt. Denn zwischen den Vereinigten Staaten und Spanien herrscht seit rund einem Monat Krieg – auch um die Philippinen, jene Inselgruppe im Nordosten Südostasiens, die seit Jahrhunderten von Spanien beherrscht wird.

Von einem der ankernden stählernen Ungetüme, dem Kreuzer „USS Olympia", bringen an diesem Morgen amerikanische Matrosen mit einem Boot einen jungen Mann an die Küste: eine eher unscheinbare Gestalt, noch keine 30 Jahre alt, schlank, 1,60 Meter groß, die schwarzen Haare im Bürstenschnitt frisiert. Ein Mann, der als Kommandeur einer Rebellenarmee bislang vergeblich für die Unabhängigkeit seiner philippinischen Heimat gekämpft hat.

Am Vortag haben die Amerikaner mit ihm einen Pakt geschlossen: Er soll nun an Land gegen die Spanier kämpfen. Deshalb wollen sie ihn ein paar Kilometer südlich von Manila in Cavite absetzen, einer Provinz an der Bucht. Aus dem dortigen Fort hat die US Navy die Spanier bereits vertrieben.

Und tatsächlich will dieser Emilio Aguinaldo kämpfen. Will Zehntausende, die nur auf ein Wort von ihm warten, mobilisieren und mit ihnen, im Bund mit den Amerikanern, endlich die Freiheit seiner Heimat erringen, nach mehr als drei Jahrhunderten Unterdrückung die verhassten Kolonisatoren vertreiben. Er will die Unabhängigkeit der Philippinen ausrufen und, im besten Fall, sogar selbst Präsident der jungen Republik werden.

Dies zumindest dürfte an diesem Tag Mitte Mai 1898, als Aguinaldos Boot in der morgendlichen Sonne über die Bucht von Manila gleitet, sein Plan sein.

BITTERE ARMUT prägt die Philippinen vor der Revolution: Die meisten Indigenen leben auf Land, das katholischen Orden gehört

ABSEITS DER STÄDTE herrschen die Geistlichen unumschränkt. Sie beaufsichtigen etwa Schulen und Gefängnisse und treiben Steuern ein (Dorfszene)

NUR WENIGE Einheimische gelangen zu Wohlstand: Macht und Besitz liegen zumeist in der Hand der Europäer (Wohnhaus in Manila)

Doch es ist nicht der Plan der Amerikaner. Und so werden sich binnen weniger Monate die ungleichen Bundesgenossen in erbitterte Gegner verwandeln. Wird der Triumph der Einheimischen abermals vereitelt werden. Ihr Freiheitskampf wird nicht enden, sondern, im Gegenteil, in eine neue, noch blutigere Phase treten. Jener Kampf, der zwei Jahre zuvor begonnen hat – und dessen Vorgeschichte unzählige von Generationen in die Vergangenheit reicht. Ein Kampf, wie ihn die Menschen an fast allen Orten Südostasiens führen werden.

°

ALS AGUINALDO an jenem Maimorgen in Cavite an Land geht, haben die Philippinen eine lange Zeit von Drangsal und Knechtschaft hinter sich. 1521 entdeckte der in spanischem Auftrag segelnde Seefahrer Ferdinand Magellan den Archipel aus mehr als 7000 Inseln für

GEKNECHTET ist die Mehrheit der Inselbewohner; rund 100 Aufstände schlagen die Kolonialherren über die Jahrhunderte nieder

Año II. Madrid 25 de Diciembre de 1900. Núm. 29.

FILIPINAS ANTE EUROPA

ÓRGANO DEFENSOR DE AQUEL PUEBLO

¡Filipinas, te juramos que defenderemos tu independencia hasta morir!—E. Aguinaldo.

La independencia de nuestra patria es la única fuente de su felicidad, porque sin ella, seríamos esclavos por la pretendida diferencia de razas.—F. Agoncillo, *Plenipotenciario filipino.*

Unidos, inspiraremos respeto con nuestra fuerza; pero mal avenidos, sólo lástima podremos inspirar.—General Riego, *Presidente del Comité Central de Hong-Kong.*

Para el que atropella nuestros sacratísimos derechos, el mejor argumento es el fusil.—G. Apacible, *Representante de la República filipina en América.*

La prensa es un poder en todo pueblo civilizado, por ella vemos libre á mi país del yugo anterior.—M. Ponce, *Idem en el Japón.*

No puede ser honrado el que no defienda la independencia de su pueblo.—R. Abanca, *Presidente del Comité de París.*

Me guardaré de imitar la conducta de los americanistas.—A. Regidor, *Idem de Londres.*

Es ignominiosa la cadena del esclavo aunque fuese de oro.—T. Arjona, *Idem de Madrid.*

Contra Norte-América, no; contra el imperialismo, sí, ¡hasta la muerte!—La Redacción.

Director: **Isabelo de los Reyes.**

Redacción y Administración: *Glorieta de Bilbao, 5, 2.º derecha.*

Precios de suscripción. Madrid, un mes, 1 pta.; Extranjero, semestre, 8 francos; Filipinas 4 pesos. Anuncios 10 pts. cuadrado

Pago adelantado

Distribuimos gratis miles de ejemplares entre los principales políticos y periódicos de todo el mundo. Sólo los autores responderán de los artículos firmados.

E. AGUINALDO
Presidente de la República Filipina

El Ilustre Aguinaldo [1]

Si Andrés Bonifacio fué el alma del *Katipunan* y Emilio Jacinto la inteligencia y el entusiasmo que lo dirigió, el modestísimo Alcalde (capitán municipal) de Cavite Viejo D. Emilio Aguinaldo fué el brazo de la Providencia que ejecutó sus altos designios para redimirnos del yugo anterior, y sin duda, el que nos dará nuestra independencia.

El Sr. Aguinaldo había cursado con provecho la segunda enseñanza en el Colegio de San Juan de Letrán (Manila); pero muerto el autor de sus días, hubo de suspender su carrera para ir á administrar sus bienes.

Nuestro héroe siempre ha dado pruebas de su honradez é inteligencia, así es que á los veintiséis años, por sufragios de sus convecinos, mereciera el cargo de alcalde, que era el *summum* de las aspiraciones de todo filipino de provincias y que no se suele conseguir sino ya cuando uno está muy entrado en años y prestado señalados servicios al municipio.

Él estaba al frente de los pocos progresistas de Cavite Viejo y había aceptado el cargo de Presidente provincial del *Katipunan* en Cavite, lo cual revelaba ya mucho patriotismo en él, porque casi sólo los aventureros ó los que nada tenían que perder, se atrevían á afiliarse en esta Asociación por estar muy expuesta á las terribles venganzas de los entonces omnipotentes frailes.

D. Emilio Aguinaldo y Famy
Presidente de la República Filipina y Generalísimo de su Ejército.

Era alcalde ó capitán municipal en 26 de Agosto cuando estalló la Revolución filipina de Cavite Viejo de 1896.

Y como tal alcalde, acudió al Gobierno civil de Cavite á recibir órdenes. Allí supo que las listas de los katipuneros habían caído en poder de las autoridades españolas, y que el fraile párroco de Cavite Viejo estaba tramando para que le prendiesen.

Entonces corrió á su pueblo, y puesto de acuerdo con sus tenientes Agustín Riola, Cándido Tirona y otros partidarios suyos, se sublevó el 31 de Agosto de 1896 y en cinco días logró apoderarse de casi todos los pueblos de aquella provincia, excepto el puerto y otros que dominaban los cañones de éste.

Copó el valiente Aguinaldo á todos los puestos de la Guardia civil, y con los muy pocos fusiles arrebatados á dichos destacamentos, resistió é hizo retirar á la columna del general Aguirre, que había enviado contra él el general Blanco, y más tarde derrotó á este mismo general en Bakoor, Imus y Noveleta arrebatándole muchos fusiles.

Todo esto es muy sencillo de contar; pero es preciso tener una imaginación poderosa y una inteligencia superior para comprender lo grandiosa que fué esta brillante jornada por el inconcebible cúmulo de esfuerzos titánicos, grandísimos sacrificios y talentos militares muy extraordinarios que revela.

Y después, sin haber recibido ni un solo fusil, ni un cartucho del extranjero, sino improvisándolo todo en una provincia que jamás había guerreado en toda su vida, logró hacer fracasar todos los planes del general Polavieja á pesar de sus treinta ó cuarenta mil

(1) De la segunda edición de la *Religión del Katipunan*, publicada recientemente.

¡Número suelto 60 céntimos.

IN SPANIEN studierende Filipinos initiieren um 1880 den antikolonialen Protest. Dieses Exilantenblatt feiert später die Helden der Revolution

die Europäer; ein halbes Jahrhundert und vier Expeditionen später nahm Spanien ihn offiziell in Besitz und setzte seine Macht relativ schnell gegenüber den einheimischen Herrschern durch.

Wie in ihren Kolonien in Amerika legten die Spanier anschließend auch auf den Philippinen planmäßig Städte für sich an – und neue Dörfer, in denen die Einheimischen unter Kontrolle der Europäer zwangsweise angesiedelt wurden. Von jedem Haushalt trieben die Kolonisatoren Steuern ein und verpflichteten die Männer zur *polo* genannten Fronarbeit von 40 Tagen im Jahr, etwa zum Fällen von Bäumen oder zum Bau von Schiffen, Häusern, Brücken oder Straßen. Doch so ausgeklügelt das Regime der Ausbeutung war: Die Philippinen blieben stets eine unprofitable Kolonie. Die Verwaltungskosten überstiegen meist die Steuereinnahmen.

Einträglich für die spanische Krone wurde etwas anderes: Schiffe transportierten Silber aus ihren Kolonien in der Neuen Welt über den Pazifik nach Manila, und dort wurde das Edelmetall in großem Stil gegen Seide, Baumwolle und Porzellan aus China und Indien getauscht. Die wertvollen Waren aus Fernost brachten die spanischen Galeonen einmal im Jahr nach Mexiko, von wo aus sie ins Mutterland gelangten.

Trotz dieses lukrativen Handels, der ohne die Philippinen als Umschlagplatz nicht möglich gewesen wäre, blieb fast die gesamte einheimische Bevölkerung des Archipels jedoch weiterhin bitterarm. Ein großer Teil der Ländereien war im Besitz katholischer Orden, die nach der Eroberung einen doppelten Auftrag bekommen hatten: Sie sollten die Einheimischen missionieren und die Verwaltung der Kolonie jenseits der wenigen Städte übernehmen.

Die Geistlichen herrschten bis in die kleinsten Winkel. Beaufsichtigten die Schulen und Gefängnisse, trieben die Steuern ein, kontrollierten Geburtsregister, überwachten die Wahl lokaler Beamter. Ein Großteil der Bevölkerung nahm bald den von den Brüdern gepredigten christlichen Glauben an.

Jahrhundertelang änderte sich an dem starren Kolonialsystem wenig. Ebenso wenig an der gesellschaftlichen Hierarchie, die es erzeugte: Ganz oben standen die *peninsulares*, Spanier aus dem Mutterland, denen die hohen Posten in Kirche und staatlicher Verwaltung vorbehalten waren. Darunter die *insulares*, die Nachfahren spanischer Einwanderer, dann, mit deutlichem Abstand, die *mestizos*, die Abkömmlinge von Mischehen, die ab dem 19. Jahrhundert eine kleine Mittelschicht bildeten. Und ganz unten, geplagt und ausgebeutet, die indigenen Bauern.

Doch immer wieder begehrten die Niedergedrückten auf. Mehr als 100 Rebellionen gab es Schätzungen zufolge im Laufe der Jahrhunderte. Die Kolonialherren allerdings reagierten stets hart und kompromisslos, schlugen alle Aufstände nieder. Noch im Jahr 1872 unterdrückten die Spanier eine Meuterei philippinischer Hilfssoldaten; drei einheimische Geistliche wurden als Rädelsführer beschuldigt und in Manila öffentlich erdrosselt. Aussichtslos schien jeder Protest gegen das Regime.

Um 1880 allerdings kommt neue Hoffnung auf, denn nun formiert sich eine andersartige Form des Protestes: Die Widerständler sind hochgebildet – und sie befinden sich im spanischen Mutterland.

Ihr Wohlstand hat es einigen philippinischen Familien aus der Mittelschicht ermöglicht, ihre Kinder zur Ausbildung nach Madrid oder Barcelona zu schicken. Als Studenten vor allem der Medizin lassen jene die düstere Unterdrückung in der Heimat hinter sich – und beginnen in Spanien für Reformen auf den Philippinen zu werben. Es sind die politischen Ideen Europas, die die jungen, intellektuellen Filipinos einfordern: Freiheit, Gleichheit, Brüderlichkeit, die Werte der Französischen Revolution.

Und die Idee der Selbstbestimmung der Völker. Allerdings wollen sie keine volle Unabhängigkeit, sondern verlangen lediglich die Anerkennung der Philippinen als gleichberechtigte spanische Provinz – und damit demokratische Vertretung im Parlament in Madrid.

Einer der Wortführer ist der angehende Augenarzt José Rizal, in der gesellschaftlichen Ordnung der Kolonie ein Mestizo, also nicht berechtigt, politische Führungsämter zu bekleiden. In Spanien erregt seine eher versöhnliche Protest-Bewegung einige Aufmerksamkeit, doch nach seiner Rückkehr auf die

REBELLION IM ARCHIPEL

DIE REVOLTE BEGINNT 1896 in der Provinz Cavite auf Luzon, der Hauptinsel der Philippinen, und erfasst auch entferntere Eilande. Die Aufständischen können sich jedoch nicht gegen die von Manila aus herrschenden Spanier durchsetzen – bis 1898 die USA eingreifen

MODERAT sind die Forderungen der Widerständler zunächst: José Rizal, ein junger Mediziner, streitet für eine Vertretung seiner Heimat im spanischen Parlament

NACH DER Verhaftung Rizals 1892 radikalisiert sich die Protestbewegung: Der Lagerverwalter Andrés Bonifacio plant den bewaffneten Aufstand

IM FRÜHJAHR 1898 bricht ein Krieg zwischen den USA und Spanien aus. Bald darauf landen Tausende US-Streitkräfte auf den Philippinen (oben)

Philippinen wird er im Jahr 1892 vom dortigen spanischen Generalgouverneur nach Mindanao im Süden des Archipels ins Exil verbannt. So verstreicht eine Gelegenheit zu friedlichem Wandel.

Noch am Abend des Tages, so die Überlieferung, an dem Rizal den Dampfer nach Mindanao besteigen muss, am 7. Juli 1892, gründet der 28-jährige Lagerverwalter Andrés Bonifacio in Tondo bei Manila den „Katipunan“, die „Ehrenwerte Gesellschaft der Söhne des Volkes“. Es ist ein Geheimbund mit obskuren Initiationsriten, entlehnt der Welt der Freimaurer. Die Mitglieder verständigen sich mit verschlüsselten Briefen, in denen Buchstaben entsprechend einem Geheimalphabet neu geordnet werden.

Den Glauben an einen friedlichen Weg zur Unabhängigkeit haben sie spätestens nach der Verbannung Rizals verloren: Sie wollen den radikalen Bruch, planen die Revolution.

Der Katipunan rekrutiert seine ersten Mitglieder vor allem aus der rücksichtslos ausgebeuteten Unterschicht des Landes; Gründer Bonifacio ist selbst in einer Bambushütte in einem Armenviertel von Tondo groß geworden. Anfang 1896 drucken die Revolutionäre eine achtseitige Zeitung, die sie heimlich verteilen – und die die Lage augenblicklich verändert, als wäre ein Kessel unter Überdruck explodiert.

Binnen Wochen vervielfacht sich die Zahl der Mitglieder auf 30 000, vor allem in Manila und den umliegenden Städten auf der philippinischen Hauptinsel Luzon melden sich immer mehr kampfbereite Filipinos. Ein enormer Zulauf, der zugleich zur Gefahr für die Bewegung wird.

Als die verängstigte Schwester eines Katipunan-Novizen einem Geistlichen die Umsturzpläne beichtet und der die Kolonialbehörden alarmiert, ist der Geheimbund enttarnt – und geht nun in die Offensive.

Im August 1896 versammeln sich über 1000 Mitglieder zu einem Treffen. Bonifacio steigt auf ein hastig zusammengezimmertes Podest. „Meine Brüder“, ruft er, „schwört ihr, die Regierung zu bekämpfen, die uns unterdrückt?“ Ein lautes „Ja“ kommt aus allen Kehlen.

Es ist der Beginn des bewaffneten Aufstands.

Zunächst allerdings ist es eine Revolution weitgehend ohne Waffen. Zwar haben hier und da Parteigänger ein paar Gewehre und Pistolen aus spanischen Arsenalen schmuggeln können. Sonst aber verfügen die Männer lediglich über selbst gefertigte *bolos*, die philippinischen Buschhackmesser, und scharf geschliffene Bambusrohre.

Dennoch: Ende August attackieren Aufständische Polizeistationen und Kirchen – die Bastionen der verhassten Kolonialmacht. Das Städtchen San Mateo nordöstlich von Manila besetzen sie sogar drei Tage lang. Dann folgt der Gegenschlag der Kolonialmacht. Die Rebellen verlieren zahlreiche Kämpfer und ziehen sich zurück.

Droht auch diese Erhebung, wie schon so viele zuvor, nach kurzer Zeit

MIT BUSCHMESSERN *GEGEN DIE UNT*

DIE USA erobern den Archipel mithilfe der Rebellen – entlassen ihn aber nicht in die Freiheit. Die Folge: ein neuer Unabhängigkeitskrieg (zerstörtes Dorf)

zu scheitern? Wird die Kolonialmacht sich erneut mit kompromissloser Härte durchsetzen? Dass es dieses Mal anders kommt, liegt vor allem an einem Mann: Emilio Aguinaldo.

°

IN DER PROVINZ CAVITE südwestlich der Hauptstadt ist der 27-jährige Aguinaldo, ein Mestizo mit chinesischen Vorfahren, in dieser Zeit Bürgermeister des Küstenortes Cavite el Viejo (heute Kawit). Den Spaniern gegenüber hat er sich stets als fähiger und vertrauenswürdiger Kommunalbeamter gezeigt, wie schon sein Vater zuvor. Doch Aguinaldo ist gleichzeitig Mitglied des Katipunan.

Am 31. August 1896 überwältigt er zusammen mit ein paar Getreuen

ERDRÜCKER

DIE EXPANSION in Südostasien spaltet die US-Politik: Gegner fordern eine Machtübergabe an die Filipinos, wie sie diese Karikatur zeigt

DIE REBELLEN haben den gut ausgerüsteten Amerikanern nur wenig entgegenzusetzen – und sind bald überall auf dem Rückzug (Gefecht, 1899)

in seinem Städtchen die ahnungslose Guardia Civil, die Polizei der Kolonialmacht, entwaffnet die Beamten und setzt sie fest. Aufgeschreckt flieht der Pfarrer des Ortes und lässt in Panik den Kirchenschatz zurück. Mehr als 1000 Pesos in Gold und Silber. Aguinaldo beschlagnahmt die Münzen – der finanzielle Grundstock der Revolution.

Unmittelbar darauf organisieren die Filipinos weitere Überfälle, binnen Kurzem ist fast die gesamte Provinz Cavite in der Hand der Aufständischen.

Der Generalgouverneur in Manila schickt Soldaten, doch nun zeigt Aguinaldo, ein leise sprechender Mann, der aber offenbar keinen Widerspruch duldet, sein militärisches Talent.

Als am 3. September 1896 eine spanische Heereskolonne unter Kanonendonner auf die Provinzstadt Imus vorrückt, hat Aguinaldo bereits Verteidigungsgräben ausheben lassen. Und bald stecken die Spanier an einer gesprengten Flussbrücke fest.

Mit einer Truppe überquert Aguinaldo heimlich den kleinen Strom und attackiert den Feind von hinten. Orientierungslos flüchten die Spanier in ein frisch bestelltes Reisfeld; im Morast watend und stolpernd sind sie ein leichtes Ziel für die Katipuneros. Die Rebellen machen die Soldaten nieder, nehmen Gewehre und Munition an sich. Der spanische General verliert bei der Flucht seinen Säbel: Aguinaldos erste Trophäe.

Die Rebellen nennen ihren Anführer fortan ehrfurchtsvoll „Heneral" – General.

Die Provinz Cavite ist nun das Zentrum der Rebellion. Der Generalgouverneur verhängt dort und in Nachbargegenden das Kriegsrecht, ordert Truppen und Waffen aus dem Mutterland. Und geht immer erbarmungsloser vor. Noch im September werden auf bloßen Verdacht hin 13 Männer aus Cavite hingerichtet. 4000 Menschen nimmt die Regierung fest, nicht wenige werden gefoltert oder kommen in der Haft um. Im alten Fort Santiago in Manila, am Fluss Pasig gelegen, müssen Häftlinge erleben, wie die Flut ihre Zellen überschwemmt, viele ersticken in überfüllten Verliesen.

Ende Dezember lässt der Generalgouverneur den Helden der Reformbewegung, José Rizal, erschießen, obwohl der keine Verbindung zum Katipunan gehabt und in seinen Schriften stets für friedliche Veränderungen geworben hatte. Nun wird auch vielen Filipinos aus der bislang abwartenden Mittelschicht klar, dass eine Verständigung mit der Kolonialmacht unmöglich ist.

Immer rücksichtsloser führen inzwischen auch die Rebellen den Krieg. Greifen aus dem Hinterhalt an, zerstören Gleise, zerschneiden Telegrafenleitungen. Einige verhasste Kirchenmänner werden bestialisch ermordet: in der Tropensonne zum Verdursten an einen Pfahl gebunden, mit Öl begossen und angezündet, an einem Bambusspieß über offenem Feuer geröstet.

Im Februar 1897 haben die Spanier, dank mittlerweile eingetroffener Verstärkung aus dem Mutterland, 30 000 Soldaten auf der Hauptinsel Luzon zusammengezogen. Ihnen stehen zwar ebenfalls Zehntausende Rebellen gegenüber. Gegen die modern ausgerüsteten Spanier aber haben die Aufständischen, die zum Teil noch mit Pfeil und Bogen kämpfen, kaum eine Chance – so sehr Emilio Aguinaldo sich in der Zwischenzeit auch bemüht hat, die Verteidigung der Rebellenprovinz zu organisieren (der Gründer der Bewegung, Andrés Bonifacio, wird unter dem Vorwurf des Verrats im Mai hingerichtet – vermutlich auf Befehl Aguinaldos).

Nach verlustreichen Kämpfen muss der Anführer im Juni 1897 mit einigen Hundert Mann Richtung Norden in die Berge Luzons fliehen. Doch auch dort treiben ihn die spanischen Truppen schließlich in die Enge, ihrerseits zunehmend erschöpft vom andauernden Krieg in den Tropen.

Im Dezember sind beide Seiten zum Friedensschluss bereit. Aguinaldo darf im Kreis einiger Vertrauter nach Hongkong ausreisen – mit einem Scheck der Spanier über eine beträchtliche Summe und dem einst erbeuteten Säbel im Gepäck. Das Geld, von den Spaniern wohl zur Bestechung des Rebellenkommandeurs gemeint, hofft Aguinaldo vielleicht irgendwann für neue Waffenkäufe verwenden zu können. Seine Kämpfer aber müssen erst einmal einen Teil ihrer Gewehre und Pistolen abgeben, die Kolonialregierung verspricht ihnen im Gegenzug Straffreiheit.

So scheint die Revolution gescheitert: Obgleich mit beträchtlichen Mühen, haben die Spanier wieder einen Aufstand niedergeschlagen. Doch dann verändert ein Ereignis in 15 000 Kilometern Entfernung noch einmal alles.

°

AM 15. FEBRUAR 1898 explodiert im Hafen von Havanna, der Hauptstadt der spanischen Kolonie Kuba, das amerikanische Schlachtschiff „USS Maine“. Die USA hatten das Schiff zum Schutz von dort lebenden US-Bürgern entsandt. Denn auch auf der Karibikinsel unweit der US-Südküste herrscht Krieg; seit

ALS DIKTATOR schmäht diese Karikatur Emilio Aguinaldo – und dient so als Rechtfertigung für die Kolonisierung der Philippinen durch die USA

US-SOLDATEN erweisen einem Mitkämpfer 1899 die letzte Ehre. Die Bilanz des Krieges: Auf jeden gefallenen Amerikaner kommen mindestens 50 getötete Filipinos

DIE AMERIKANER *TÄUSCHEN DIE RE*

Jahren kämpfen Freischärler für die Unabhängigkeit Kubas. Mit ihnen sympathisieren die meisten US-Medien, nicht zuletzt nach Berichten über spanische Gräueltaten.

In der aufgeheizten Stimmung macht die Regierung in Washington die Spanier für die Zerstörung der „Maine“ verantwortlich (tatsächlich war es wohl ein Brand im Kohlenbunker, der zur Katastrophe führte, wie eine amerikanische Expertenkommission Jahrzehnte später feststellt). Nach kurzer Eskalation erklären beide Seiten im April 1898 einander den Krieg.

Sofort geht die US-Marine auch im Pazifik gegen Spanien vor. Die Militärführung beauftragt ihr vor Hongkong liegendes Geschwader mit dem Aufbruch Richtung Philippinen. Nur Tage später erreichen die von George Dewey kommandierten US-Streitkräfte ihr Ziel. In der Bucht von Manila stellen die Amerikaner im Morgengrauen des 1. Mai 1898 die spanischen Schiffe, denen nicht einmal mehr das Auslaufen gelingt. Alle Gefährte werden versenkt, spanische Geschützstellungen an der Küste zerstört.

IM MÄRZ 1901 nimmt das US-Militär Emilio Aguinaldo gefangen (unten). Danach bricht der Widerstand weitgehend zusammen

Die USA sind Herr der Lage – aber nur zur See. Die Navy blockiert zwar den Hafen von Manila, die Amerikaner können aber kein Landemanöver in großem Stil vornehmen, weil sie kaum die dafür nötigen Soldaten an Bord haben. Nur die Festungsstadt Cavite el Viejo, im Süden der Bucht von Manila gelegen, fällt als Brückenkopf in ihre Hände. Der Rest des Landes und die Hauptstadt bleiben unter Kontrolle der Spanier.

Doch Deweys Erfolg zur See schafft überraschende Perspektiven für die US-Amerikaner: Wenn sie nur schnell genug mehr Soldaten heranschafften, könnten sie die Spanier von den Philippinen vertreiben und sich dort eine eigene Machtbasis im Pazifik aufbauen.

Zwar gibt es in den Vereinigten Staaten, die selbst ja erst ein gutes Jahrhundert zuvor die Fremdherrschaft der Briten abgeschüttelt haben, eine antikoloniale Stimmung. Doch es herrscht Krieg, patriotische Gefühle lassen sich da leicht schüren. Die Gegner einer Okkupation des Archipels, die sich im Kongress zu Wort melden, stellt die US-Regierung wohl mit der Zusicherung ruhig, die Inseln nur so lange besetzt zu halten, bis die Filipinos reif für die Selbstbestimmung seien. Die Entscheidung fällt: Die USA wollen die Eroberung.

Binnen Wochen sind 11 000 US-Soldaten auf dem Weg zu den Philippinen. Doch bis die Truppen eintreffen, dauert es. So sucht Dewey eine Strategie, um die Spanier in der Zwischenzeit zu schwächen. Wäre es nicht möglich, dafür die Rebellen zu reaktivieren?

Der Amerikaner lässt deshalb Emilio Aguinaldo unter Volldampf per Schiff aus Hongkong holen. Und nimmt sich die Zeit, den jungen Filipino auf seinem Flaggschiff in der Bucht von Manila persönlich zu empfangen.

BELLEN

Dewey, ein schnauzbärtiger, gesetzter Herr von 60 Jahren, trägt bei dem Treffen seine prächtige weiße Paradeuniform. Gemeinsam sprechen sie über die politische Lage. Ohne Zweifel eine merkwürdige Unterhaltung: Dewey versteht nur wenig Spanisch und wohl schon gar nicht Tagalog, die am weitesten verbreitete Sprache der Einheimischen. Aguinaldo wiederum beherrscht vermutlich kaum Englisch, und ein Dolmetscher ist nicht zugegen.

Kein offizielles Protokoll gibt Auskunft über das Gespräch der beiden. Die strategischen Überlegungen der Vereinigten Staaten wird Dewey nicht offenbart haben: Er sieht die Rebellen ja lediglich als vorübergehend nützliche Hilfstruppe. Aguinaldo dagegen erwartet, dass ihn die USA im Kampf um die Unabhängigkeit unterstützen.

Sicher jedenfalls ist: Nach dem Treffen bringen die Amerikaner den Freiheitskämpfer nach Cavite. Und stellen ihm aus dem dortigen Marinearsenal rund 100 Gewehre, Munition und weitere Waffen zur Verfügung.

Die Nachricht von Aguinaldos Landung auf den Philippinen am 19. Mai 1898 verbreitet sich rasend schnell von Mund zu Mund. Von den Spaniern rekrutierte Hilfssoldaten desertieren nun zu Tausenden und stärken die Reihen ihres zurückgekehrten Kommandeurs. Manche bringen ihre Waffen gleich mit, andere bekommen amerikanische.

Binnen Tagen formt Aguinaldo eine schlagkräftige Streitmacht. Bereits nach einer Woche kontrolliert sie erste Städte in der Provinz, Ende des Monats hat sie etwa 5000 Gefangene gemacht.

Im Juni haben die Rebellen, deren Truppen inzwischen auf insgesamt rund 30 000 Mann angewachsen sind, mit Ausnahme von Manila und der Provinz Cavite die gesamte Insel Luzon erobert und schließen einen Belagerungsring um die Hauptstadt. Sie kappen Wasserleitungen, halten Lebensmitteltransporte auf, versuchen die Stadt, in der Tausende Spanier ausharren, auszuhungern.

Unterdessen erkennt Aguinaldo, dass er auch politisch Fakten schaffen muss. Ob er ahnt, dass die Amerikaner ihr eigenes Spiel treiben? Oder nutzt er einfach nur die Gunst der Stunde? In jedem Fall lässt der Rebellenkommandeur am Nachmittag des 12. Juni 1898 in seiner Heimatstadt Cavite el Viejo feierlich die Unabhängigkeit der Philippinen ausrufen.

Erstmals steigt die neue Landesflagge mit der stilisierten Sonne auf weiß-blau-rotem Grund am Fahnenmast empor, ein eigens komponierter Nationalmarsch ertönt. 98 Zeugen unterschreiben die Unabhängigkeitserklärung, unter ihnen ein amerikanischer Offizier, vermutlich der Verbindungsmann Deweys zu Aguinaldo. Eine offizielle Anerkennung der Proklamation durch die USA ist das aber keineswegs – was immer der selbst ernannte Staatschef sich erhoffen mag.

Vielmehr passieren bald Dinge, die Aguinaldo irritieren müssen. Mit großen Schiffen treffen Tausende US-Soldaten ein. Was wollen die? Die Amerikaner informieren Aguinaldo nicht. Schon gar nicht darüber, dass sie zugleich heimlich

GEFANGENE Freiheitskämpfer, um 1900. Auch die neue Kolonialmacht verweigert den Philippinen das Recht auf Selbstbestimmung

NOCH 44 JAHRE herrschen die Amerikaner über die Philippinen. Erst 1946, am 4. Juli – ihrem eigenen Unabhängigkeitstag –, entlassen sie den Archipel in die Freiheit (Zeremonie in Manila)

mit dem spanischen Gouverneur über die Übergabe der Hauptstadt verhandeln – an sie und nicht an die selbst ernannte Regierung der Philippinen.

Die Spanier ihrerseits haben die Aussichtslosigkeit ihrer Lage erkannt. Die in Manila eingeschlossenen Menschen haben kaum noch mehr als verdorbenen Reis, sie müssen Regenwasser trinken. Nachschub aus dem Mutterland wird nicht kommen (eine spanische Expeditionsflotte musste inzwischen angesichts der US-amerikanischen Übermacht umkehren). Doch wenn sie schon kapitulieren müssen, dann übergeben sie die Herrschaft lieber an den Kriegsgegner aus Amerika als an die einheimischen Freischärler, die sie als dahergelaufene Mestizos und Indios verachten.

Am 13. August 1898 senkt sich die Flagge Spaniens nach mehr als drei Jahrhunderten. Aber den Rebellen ist zum Feiern nicht zumute. Denn jetzt weht das Sternenbanner über Manila.

Die Amerikaner reißen die Führung an sich, US-Soldaten beziehen die spanischen Posten in Manila, verbieten den Aufständischen sogar, ohne Erlaubnis die Hauptstadt zu betreten. Auf dem Land jedoch behalten die Rebellen die Kontrolle. An Übergängen zwischen den Einflusszonen stehen bewaffnete Posten beider Seiten.

Weiterhin ist sich Aguinaldo der wahren Absichten der Amerikaner nicht sicher. Bis am 10. Dezember 1898 die USA und Spanien in Paris einen Friedensvertrag unterzeichnen: Darin tritt die Regierung in Madrid die Philippinen an die Vereinigten Staaten ab – gegen eine Zahlung von 20 Millionen Dollar. Die Filipinos werden nicht gefragt, nicht einmal unterrichtet. Aguinaldo ist endgültig düpiert.

Anfang Januar 1899 protestiert der General offiziell gegen den Übergriff der Vereinigten Staaten. Und kündigt militärischen Widerstand an. Einen Monat später schießen US-Soldaten an einem der Übergänge zum Rebellengebiet nachts einen Posten der Gegenseite nieder. Wohl ein Missverständnis in der Dunkelheit, doch die Eskalation ist nicht mehr aufzuhalten. Ein neuer, der zweite Krieg um die Unabhängigkeit der Philippinen hat begonnen.

Und wieder ist es ein ungleicher Kampf. Außer den von Spaniern erbeuteten oder von den Amerikanern gelieferten Gewehren verfügen die Rebellen kaum über Waffen. Für einen konventionellen Krieg haben die Filipinos zudem keinerlei Ausbildung. Die US-Soldaten dagegen sind gedrillt und mit modernstem Gerät ausgestattet. Ihr Auftrag: das von Spanien erworbene Land auch faktisch unter ihre Herrschaft zu bringen. Wo sie auf Widerstand stoßen, setzen sie ihre überlegene Feuerkraft rücksichtslos ein. Die Freischärler sind bald überall auf dem Rückzug.

Aguinaldo weicht, wie schon zwei Jahre zuvor, ins Bergland im Norden aus. Ein blutiger Guerillakrieg entbrennt, erneut mit abscheulicher Grausamkeit auf beiden Seiten. Rebellen schneiden einigen gefangenen Amerikanern Nasen und Ohren ab, streuen Salz in die Wunden und begraben Soldaten bei lebendigem Leibe. US-Truppen gehen, trotz Protesten in der amerikanischen Öffentlichkeit nach Berichten über das Kriegsgeschehen, oft ohne Rücksicht auf zivile Opfer vor: Soldaten brennen Dörfer nieder, erschießen Frauen und Kinder.

Als Vergeltung für eine Rebellenattacke auf der Insel Samar, bei der Dutzende Amerikaner sterben, will der kommandierende General die Insel in eine „heulende Wildnis" verwandeln. Seine Soldaten metzeln Tausende nieder. Auch die Amerikaner foltern Gefangene, manche werden an den Daumen aufgehängt, der „Wasserbehandlung" unterzogen, also fast ertränkt, um Informationen herauszupressen, andere mit Rattanrohr blutig geprügelt.

Stück um Stück kämpfen sich die US-Truppen vorwärts. Aber Aguinaldo ist seinen Häschern auf Urwaldpfaden stets ein paar Schritte voraus. Erst im März 1901 muss sich der Rebellenführer geschlagen geben. Ein US-Kommando spürt ihn in seinem Versteck auf. Per Schiff wird er nach Manila gebracht. Am 19. April 1901 erkennt Emilio Aguinaldo in einer öffentlichen Erklärung die Hoheit der USA über die Philippinen an. Sein Kampf um die Unabhängigkeit der Philippinen ist vorbei. Endgültig.

Die meisten der verbliebenen Rebellen geben auf. Doch noch ein Jahr, bis zum April 1902, brauchen die Amerikaner, ehe auf allen Inseln der Widerstand gebrochen ist.

4234 gefallene Soldaten registrieren die USA in ihrem ersten Krieg im Fernen Osten. Die Zahl der einheimischen Opfer ist um ein Vielfaches höher; sie kann nur geschätzt werden, denn niemand hat die Verbrannten und Erschossenen, die Verstümmelten oder schlicht Verhungerten je gezählt.

Mindestens 220 000 der knapp acht Millionen Filipinos sind wohl ums Leben gekommen, wahrscheinlich deutlich mehr. So fordern die insgesamt gut drei Jahre währenden Kämpfe gegen die Amerikaner mehr Opfer als die 300-jährige Unterdrückung durch die Spanier.

Das Ringen offenbart die tiefe Doppelmoral der amerikanischen Politik. Schließlich hatten die USA im Aufbegehren gegen die britische Kolonialherrschaft einst das Selbstbestimmungsrecht der Völker für sich reklamiert. Nun aber verweigern sie es den Philippinen.

In der amerikanischen Öffentlichkeit und im US-Kongress verstummt der empörte Widerspruch gegen den Krieg und die Okkupation des fernen Landes über die Jahre nicht. Noch 1899, im ersten Kriegsjahr, hat die US-Regierung wohl auch deshalb bereits mit der sogenannten Philippinisierungs-Politik begonnen: dem Aufbau eigenständiger politischer Strukturen. Im Mai 1899 finden erste Kommunalwahlen statt, 1907 folgt die erste Parlamentswahl.

Schulen werden errichtet, amerikanische Lehrerinnen und Lehrer in die philippinische Provinz entsandt, Universitäten gegründet, eine zivile Verwaltung aufgebaut. Erklärtes Ziel der US-Politik ist die staatliche Souveränität der Philippinen – allerdings bleibt das lange ein leeres Bekenntnis, weil sich keine Regierung in Washington auf ein Datum für die Unabhängigkeit festlegen will.

Auch in den südostasiatischen Nachbarländern, in Indonesien, in Vietnam, in Malaysia, halten die europäischen Kolonialmächte in dieser Zeit eisern an ihrem Besitz fest. Unabhängigkeitsbestrebungen wie etwa in Indonesien in den 1920er Jahren, unterdrücken Truppen immer wieder mit Gewalt.

1934 schließlich stimmen die Amerikaner der staatlichen Unabhängigkeit der Philippinen doch zu; allerdings müssen die Filipinos eine Übergangsfrist akzeptieren. Noch vor deren Ende bricht der Zweite Weltkrieg aus, Japan besetzt den Archipel.

Erst ein knappes Jahr nach dem Sieg im Pazifikkrieg, am 4. Juli 1946, dem 170. Jahrestag der amerikanischen Unabhängigkeitserklärung, entlassen die USA die Philippinen in die Freiheit.

Emilio Aguinaldo erlebt diesen Tag der Genugtuung noch. Der einstige Rebellengeneral stirbt, als Nationalheld verehrt, am 6. Februar 1964, einen Monat vor seinem 95. Geburtstag. ◊

LITERATURTIPPS

TEODORO A. AGONCILLO, OSCAR M. ALFONSO
»History of the Filipino People«
Guter Überblick zum antikolonialen Kampf der Filipinos (Malaya Books).

STEPHEN KINZER
»The True Flag«
Der US-Imperialismus um 1900 aus amerikanischer Perspektive (St. Martin's Griffin).

IN KÜRZE

Ab 1896 erschüttert eine jahrelange Revolte die Philippinen, in deren Verlauf einheimische Rebellen gegen zwei Fremdmächte Krieg führen: zunächst gegen Spanien, das den Archipel seit Jahrhunderten beherrscht, und ab 1899 gegen die USA, die die Inselwelt von Madrid mit Hilfe der Freischärler erobern und dann selbst ein Kolonialregime errichten. Erst 1946 erlangen die Philippinen die Freiheit – auf friedlichem Weg.

DER REUIGE HANDLANGER DES EMPIRE

Als Autor George Orwell gelangt Eric Arthur Blair zu Weltruhm. Doch vorher verbringt er prägende Jahre als Kolonialpolizist in Birma

TEXT: *Joachim Telgenbüscher*

Er will den Elefanten nicht töten. Und eigentlich hat der junge britische Polizeioffizier auch keinen Grund mehr dazu: Das Tier, das eben noch den Markt im birmanischen Moulmein verwüstet und einen Arbeiter zertrampelt hat, steht jetzt friedlich grasend vor ihm.

Doch der Beamte seiner Majestät, hinter dem sich 2000 schaulustige Birmanen versammelt haben, verspürt enormen Druck. An diesem stickigen Tag im Jahr 1926 repräsentiert er das Empire, das britische Kolonialreich – und seine Untertanen erwarten, dass er sich entsprechend verhält. Deshalb muss er schießen. Es nicht zu tun, das hieße, sich der Lächerlichkeit preiszugeben. Schließlich drückt er widerwillig ab. Die Birmanen jubeln, der Elefant stirbt. Sein Kadaver wird zerteilt.

Der Mann, der diese Szene zehn Jahre später beschreibt, gilt heute als einer der bedeutendsten Literaten des 20. Jahrhunderts. Es ist George Orwell, Autor von „1984“ und „Farm der Tiere“. Die Skizze beruht vermutlich auf einem Erlebnis aus seiner eigenen Vergangenheit. Denn bevor er zum Schriftsteller George Orwell wird, dem Kritiker des Totalitarismus, ist er Eric Arthur Blair, der Kolonialpolizist, ein Handlanger des Empire.

Blair wird am 25. Juni 1903 im nordindischen Motihari geboren, einer kleinen Stadt am Fuße des Himalaya, wo sein Vater, ein Kolonialbeamter, den Opiumanbau überwacht. Erics Mutter ist in Birma aufgewachsen, das sich die Briten im Jahr 1886 vollständig einverleibt haben. Bald nach Erics Geburt zieht sie mit dem Sohn und seiner Schwester nach England.

Wie viele Kinder seiner Zeit verschlingt der Junge die Bücher Rudyard Kiplings, die in ihm eine romantische Sehnsucht nach „dem Osten“ wachsen lassen. Und er verinnerlicht die Lebenslüge des Imperialismus, die niemand in so elegante Verse gegossen hat wie der Autor des „Dschungelbuchs“. Es sei die „Bürde des weißen Mannes“, so dichtet Kipling, den unterworfenen Völkern den Weg in die Zivilisation zu weisen. Geschickt deutet er so die Ausbeutung zum Akt der Selbstlosigkeit um.

Eric ist begabt. Er schafft es in das Elite-Internat Eton, aber für ein Stipendium in Oxford oder Cambridge sind seine Noten am Ende zu schlecht. Deshalb absolviert er im Sommer 1922 die Prüfungen für die kolonialen Polizeitruppen. Als Stationierungswunsch gibt er Birma an, weil dort Verwandte seiner Mutter leben. Das südostasiatische Land wird in diesen Jahren von den Briten ausgeplündert, um die Belange der oft verarmten Birmanen dagegen kümmern sie sich nur wenig; seit dem Ersten Weltkrieg wächst daher die Unruhe in der Bevölkerung.

Die Begegnung mit der kolonialen Wirklichkeit ist ein Schock für den jungen Mann. Blair, der sich in Eton als Rebell gefallen hat, ist jetzt Büttel eines unterdrückerischen Systems. Einer Despotie mit Diebstahl als ihrem eigentlichen Ziel, wie er später schreibt. Der Polizeialltag steht im Zeichen des Rassismus. „Bei einem Mann mit schwarzem Gesicht“, so heißt es in einem seiner Werke, „ist ein Verdacht schon Beweis.“

Sicher, Blair begeistert sich für Kultur und Natur, lernt die einheimische Sprache und ergeht sich in sexuellen Ausschweifungen mit Geliebten und Prostituierten. Aber das Gefühl der Entfremdung bleibt.

Im Jahr 1926 wird Blair von Moulmein nach Katha versetzt, einem ruhigeren Außenposten im Norden des Landes. Doch auch hier hasst er den Korpsgeist der anderen Weißen, den stumpfen Alltag zwischen Besäufnissen und Bridgeabenden. Und am meisten stört ihn, dass er seine wahren Gedanken über das Wesen des Imperialismus für sich behalten muss, um nicht als Verräter zu gelten.

Schließlich hat er genug: Im Sommer 1927 verabschiedet er sich in einen Heimaturlaub ohne Wiederkehr. Seine Schuldgefühle nimmt er mit. So ist die Schriftstellerkarriere, die er nun beginnt, auch eine Art von Sühne. Als George Orwell schreibt er über Arme und Unterdrückte. Und er stellt sich seiner Kolonialvergangenheit: 1934 erscheint sein Schlüsselroman „Tage in Burma“.

Darin erzählt er die Geschichte seines Alter Egos John Flory. Ein Mann, der die Lüge des Empire durchschaut hat, aber zu schwach ist, daran etwas zu ändern. Am Ende begeht er Selbstmord.

Auch Orwell ist kein langes Leben beschieden. Als er 1948 sein Meisterwerk, den dystopischen Roman „1984“, vollendet, ist er bereits schwer an Tuberkulose erkrankt. Im Januar 1950 stirbt der Autor. Seine alte Heimat Birma ist da schon seit zwei Jahren unabhängig. ◊

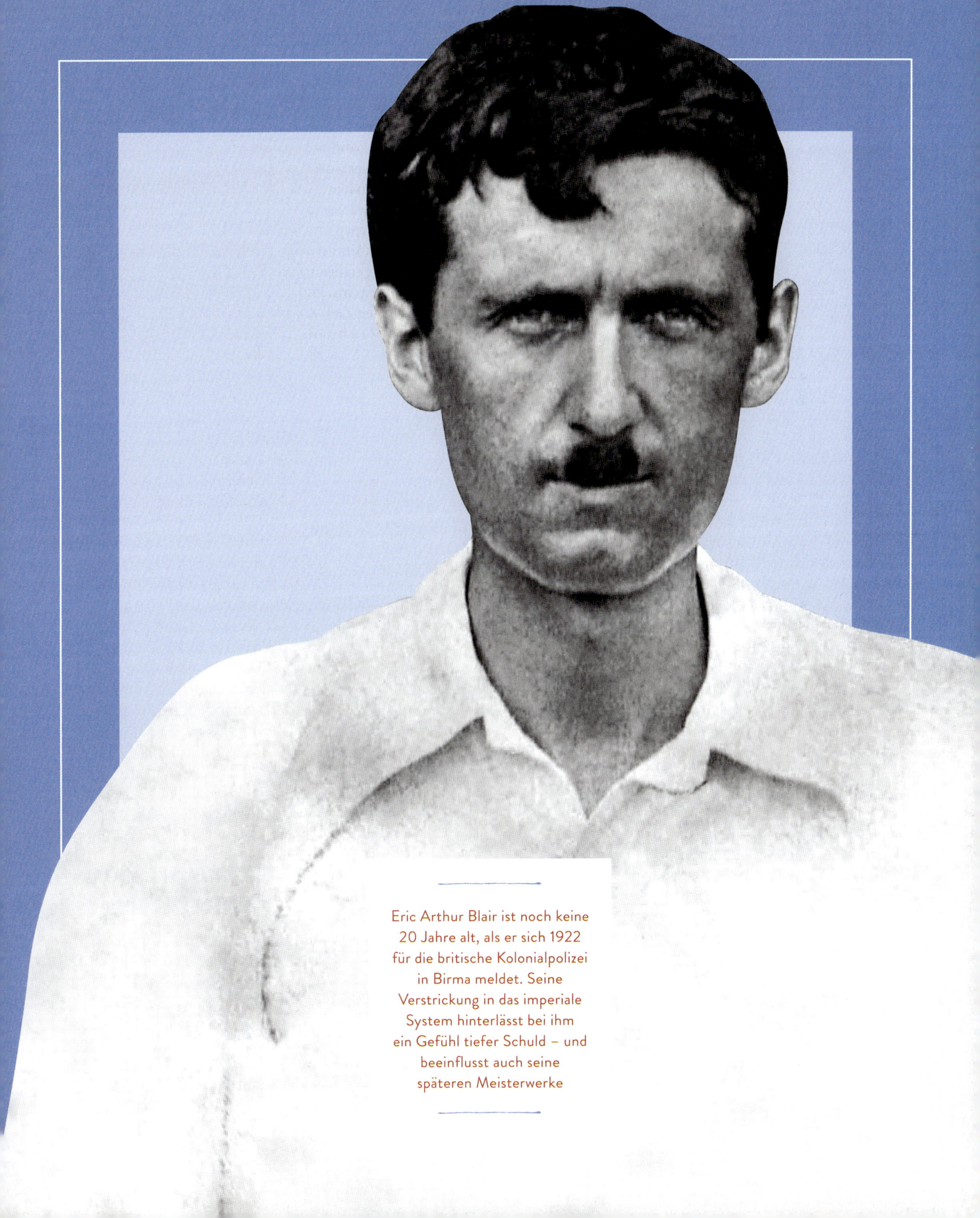

Eric Arthur Blair ist noch keine 20 Jahre alt, als er sich 1922 für die britische Kolonialpolizei in Birma meldet. Seine Verstrickung in das imperiale System hinterlässt bei ihm ein Gefühl tiefer Schuld – und beeinflusst auch seine späteren Meisterwerke

UNABHÄNGIGKEIT SCHLÄGT DEMOKRATIE

Erst nach dem Zweiten Weltkrieg beginnt die Geschichte der meisten südostasiatischen Staaten, die heute existieren. Die malaysische Historikerin Sandra Khor Manickam über den Pragmatismus der Anfangszeit, die Gewalt im Kalten Krieg – und über Hoffnung und Selbstverständnis in der Gegenwart

INTERVIEW: *Jens-Rainer Berg und Joachim Telgenbüscher*

GEO*EPOCHE*: FRAU DR. MANICKAM, GIBT ES EINE SÜDOSTASIATISCHE IDENTITÄT?

DR. SANDRA KHOR MANICKAM: Schwierige Frage. Der Begriff „Südostasien" allein ist ja eine relativ junge, militärische Erfindung aus dem Zweiten Weltkrieg, eine geographische Bezeichnung in den Aufmarschplänen der Alliierten. Vorher trug die Gegend, wenn überhaupt, verschiedene Namen: „Land unter den Winden" war einer, Malaiischer Archipel ein anderer. Manchmal wurde die Region auch nur als nicht genauer definierter Teil von Südasien gefasst.

ABER WENN SIE ETWAS VERBINDENDES BENENNEN MÜSSTEN?
Dann wäre das am ehesten ein Paradox: Das Gemeinsame ist die Diversität. Denn historisch ist Südostasien eine Region der vielen Ethnien – der Malaien, Javaner, Batak, Thai, Birmanen, Khmer, um nur einige zu nennen –, der vielen Religionen und Kulte; alle Weltreligionen werden hier in diversen Varianten praktiziert. Auch eine Region der vielen Herrschaften, der vielen unterschiedlichen Gemeinschaften auf Inseln und an Flusssystemen. Doch offenbar kann aus dieser Diversität, aus diesen für die Menschen bis heute noch sehr wichtigen Unterschieden, auch so etwas wie eine gemeinsame Identität entstehen. Noch zu der Zeit, als ich klein war, haben sich viele Menschen in der Region eher nur als Bürger ihres jeweiligen Landes und nicht als Bewohner Südostasiens gesehen – das hat sich geändert: Seitdem ist ein regionsübergreifender Gemeinschaftssinn spürbar gewachsen.

DR. SANDRA KHOR MANICKAM,
1978 in Malaysia geboren, lehrt zurzeit an der Erasmus Universität in Rotterdam Südostasiatische Geschichte

IN DER MITTE DES 20. JAHRHUNDERTS VERÄNDERT SICH DIESE DIVERSE REGION RADIKAL: NACH KOLONIALISMUS UND EINIGEN JAHREN JAPANISCHER BESATZUNG WÄHREND DES ZWEITEN WELTKRIEGES ENTSTEHEN DIE NATIONALSTAATEN, DIE WIR HEUTE KENNEN. WIE GING DIESER EPOCHALE BRUCH VONSTATTEN? Im Prinzip ist das Ganze eher ein Vererbungsvorgang. Die Menschen übernahmen nämlich ziemlich direkt die kolonialen Verwaltungen, die Regierungsstrukturen und zumeist auch den Zuschnitt und die Grenzen der ehemaligen Kolonien. Es gab zwar Versuche, von den alten Pfaden abzuweichen, aber meistens herrschte Pragmatismus: Man arbeitete mit dem, was da war, mit der Maschinerie, die die Kolonialherren hinterlassen hatten. Mit einem wichtigen Unterschied: Die Strukturen sollten nun den Menschen, den Einheimischen, dienen und nicht mehr einer fremden Macht oder der rücksichtslosen Ausbeutung der natürlichen Ressourcen.

DIE ÜBERGÄNGE IN DIE FREIHEIT KONNTEN ABER DOCH SEHR UNTERSCHIEDLICH SEIN. In einigen Fällen haben wir es mit längeren oder kürzeren, mal mehr, mal weniger reibungslosen Verhandlungen zu tun. In anderen Fällen, etwa in Vietnam und Indonesien, stehen aber auch heftige gewaltsame Kämpfe am Anfang der Unabhängigkeit. Das hatte mehrere Gründe: Einmal waren die Nationalbewegungen je nach Kolonie unterschiedlich energisch in ihren Forderungen und ihrem Auftreten. Aber auch die Position der Kolonialmächte unterschied sich: Frankreich und die Niederlande etwa waren sehr viel zögerlicher, ihre Besitzungen aufzugeben als die Briten, die sich schon stärker mit der Auflösung des Empire abgefunden hatten. Hinzu kommt: Die japanischen Besatzer hatten in einigen Gebieten einheimische Armeen für ihre eigenen Zwecke stark gefördert. Die Militärs schalteten sich nun in den Unabhängigkeitskampf ein. In Malaysia, das kaum militarisiert war, verlief der Übergang ruhiger.

WAREN DIE NEUEN STAATEN KULTURELL EINIGERMASSEN HOMOGEN? Nein, die Grenzen der Länder waren oft vollkommen willkürlich und liefen immer wieder auch quer zu ethnisch zusammenhängenden Siedlungsgebieten. Das war in der Kolonialzeit schon so gewesen, aber damals gab es noch eine gewisse Durchlässigkeit. Doch nun, wo es um neue nationale Identitäten ging und die jungen Staaten auf ihre Grenzen pochten, wurde es schwierig. Die Grenze zwischen Thailand und Malaysia durchschnitt zum Beispiel malaiische Gebiete und ließ so eine Minderheit von Malaien im thailändischen Süden entstehen. Und dann gab es Staaten wie Birma, das heutige Myanmar, oder Vietnam, auf deren Territorium es von vornherein zahlreiche Minderheiten gab.

1945

FÜHRUNGSFIGUR
Freiheitskämpfer Sukarno erklärt die Souveränität Indonesiens. Und versucht, das Land durch sein Charisma zu lenken

1957

OPTIMISMUS
Freudig begehen Einheimische die Gründung des ersten malaysischen Staates. Bald aber gibt es ethnische Spannungen

UND DIESE INNEREN BRÜCHE SIND OFFENBAR SCHNELL EINE QUELLE FÜR KONFLIKT. IN BIRMA GEHT DIE ERSTE REGIERUNG SEHR BALD SCHON GEGEN EIN AUFBEGEHREN ETHNISCHER GRUPPEN VOR. Richtig, die Politiker in Rangun bekämpften ab 1948 die Autonomiebestrebungen der Karen und Mon im Südosten des Landes. Und zu Beginn der malaysischen Unabhängigkeit hielten sich malaiische Einwohner sowie chinesische und indische Gruppen, die in der Kolonialzeit eingewandert waren, in etwa die Waage. Es kam zu Spannungen bei der Frage, wer das größere Gewicht im neuen Staatswesen haben würde, und auch zu Unruhen.

TROTZ DIESER HERAUSFORDERUNGEN WAR DER BEGINN FAST ÜBERALL ABER DOCH OPTIMISTISCH – UND VOR ALLEM DEMOKRATISCH. Mit der Demokratie ist das in dieser Anfangszeit so eine Sache. Erst mal hatte Südostasien kaum Erfahrung mit liberalen verfassungsmäßigen Prinzipien. Auch vor den kolonialen Regimen, die natürlich alles andere als demokratisch waren, gab es vor allem Königreiche, Sultanate, starke Anführer, also autoritäre Strukturen. Und in dieser ersten Phase nach dem Krieg galt meiner Einschätzung nach: Demokratie ist zweitrangig gegenüber Unabhängigkeit.

WAS MEINEN SIE DAMIT? Selbst wenn die meisten der entstehenden Staaten sich zunächst tatsächlich demokratische Verfassungen gaben, es Wahlen gab, so war doch schnell klar, dass der Bestand dieser Staaten und deren Einheit den Politikern am wichtigsten war. Angesichts von separatistischen Tendenzen und starker Opposition fragten die Regierungen sich: Sollen wir den Leuten wirklich Demokratie geben, wenn das bedeutet, dass der Staat dann zersplittert, er nicht mehr existiert, die Unabhängigkeit bedroht ist? Aber das ist natürlich eine gefährliche Argumentation.

WEIL SIE ZU SYSTEMATISCHER UNTERDRÜCKUNG FÜHREN KANN? Genau. Mitbestimmung, Kritik, politische Opposition, alles wird damit als existenziell schädlich dargestellt, die Zivilgesellschaft so von Beginn an massiv eingeschränkt. Im Fall von Malaysia, Singapur und Brunei etwa gibt es Notstandsgesetze aus dieser Zeit, die bis heute gegen missliebige Personen eingesetzt werden können.

ES GAB ALSO EINE NEIGUNG ZUM AUTORITÄREN. UND DER KALTE KRIEG, DER DIE REGION IN DEN 1950ERN SO STARK ERREICHT WIE KAUM EINE ANDERE WELTGEGEND, VERSTÄRKT DIESEN TREND. Das kann man so sagen. Der Kalte Krieg legt sich wie eine extra Ebene über fast alle inneren Konflikte in den jungen Staaten, befeuert die Auseinandersetzungen und verhärtet die Fronten.

INWIEFERN? Alles – lokale Unruhen, ethnische Konflikte, politische Kämpfe – konnte nun unter dem Raster des Ost-West-Gegensatzes betrachtet werden, der freien gegen die kommunistische Welt. Politische Kontrahenten konnten sich auf eine der Seiten berufen oder die Gegner als Erzfeinde von der anderen Seite diskreditieren. Vor allem Regierungen nutzten das, um konkurrierende Lager zu unterdrücken. In Malaysia und Singapur ging man zum Beispiel gegen chinesische Intellektuelle vor, weil man ihnen pauschal vorwerfen konnte, gemeinsame Sache mit dem kommunistischen China zu machen. Besonders heftig ist diese Verfolgung von Gegnern 1965/66 in Indonesien.

ALS DIE MILITÄRS NACH EINEM ANGEBLICH LINKEN AUFSTANDSVERSUCH BRUTAL GEGEN KOMMUNISTEN UND VERMEINTLICHE SYMPATHISANTEN VORGEHEN. EINE HALBE MILLION MENSCHEN KOMMEN DABEI NACH SCHÄTZUNGEN UMS LEBEN. MENSCHEN WERDEN IN MASSENGRÄBERN VERSCHARRT. FÜHRTE DAS NICHT ZU EINEM AUFSCHREI IM LAND? Jeder, der das anprangerte oder auch nur darüber sprach, machte sich verdächtig und brachte sich ebenfalls in Gefahr. Bis heute übrigens bedeutet der Vorwurf, Kommunist zu sein, in Indonesien eine schwerwiegende Anschuldigung. Es gibt immer noch ausgewanderte linke Indonesier in Europa, auch in Deutschland, die sich nicht völlig sicher fühlen.

UND WIE REAGIERTE DAMALS DER WESTEN? Für den Westen, insbesondere für die USA, war es vor allem wichtig, Regime auf der eigenen Seite zu wissen. Dafür unterstützte man auch undemokratische Regierungen, duldete Willkür, Illiberalität und Gewalt. Das galt für Indonesien mit dem ersten Präsidenten Sukarno, dessen Herrschaft zunehmend autokratisch wurde, anschließend in noch größerem Maße für seinen Nachfolger Suharto, der für das Massaker von 1965/66 mitverantwortlich war. Und das galt auch für Ferdinand Marcos ...

... DER 1965 AUF DEN PHILIPPINEN ZUM PRÄSIDENTEN GEWÄHLT WURDE. Marcos regierte bald diktatorisch, verhängte das Kriegsrecht und bediente sich als Kleptokrat persönlich beim Staat: Die Rede ist von bis zu zehn Milliarden veruntreuten Dollar, von gestohlenen Juwelen, Gemälden. Er wurde aber von den Amerikanern trotz allem nicht fallen gelassen, weil sie einfach möglichst viele einigermaßen zuverlässige Partner in der Region haben wollten.

1965

MASSAKER
Der Kalte Krieg verschärft innenpolitische Kämpfe. In Indonesien verfolgen und töten Truppen Hunderttausende Kommunisten

1969

DIKTATORENFREUNDE
Die USA unterstützen das philippinische Präsidentenpaar Ferdinand und Imelda Marcos, das immer despotischer regiert

DER DEMOKRATIE SCHADETE DER KALTE KRIEG ALSO GEWALTIG, IN VIETNAM ENTBRANNTE ZUDEM JA SOGAR EIN LANGJÄHRIGER WAFFENGANG, DER MILLIONEN OPFER FORDERTE – UND DEM WIR EIN EIGENES GEO*EPOCHE*-HEFT GEWIDMET HABEN. ABER ES GAB NOCH EIN ANDERES GESICHT DIESER ZEIT: VIELE LÄNDER ERLEBTEN DEUTLICHES WIRTSCHAFTLICHES WACHSTUM. Das ist richtig. Suharto wird zum Beispiel bis heute als Vater des ökonomischen Fortschritts gesehen, und die Stabilität, die die autoritären Regime schafften, wirkte sich mitunter vorteilhaft auf die wirtschaftliche Entwicklung aus. Aber wenn man genau hinschaut, sieht man auch: Ein großer Teil des Wachstums fußte auf internationaler Hilfe, auf finanzieller Förderung im Kalten Krieg. Und die Ökonomien in dieser Zeit beruhten zudem sehr stark auf Vetternwirtschaft. Der wirkliche Boom begann erst nach dem Kalten Krieg.

ALS NACH DEM ENDE DES SYSTEMGEGENSATZES DIE GLOBALISIERUNG UND AUCH DIE WIRTSCHAFTLICHE DEREGULIERUNG RASANT ZUNAHM. Die Märkte Südostasiens öffneten sich jetzt viel stärker gegenüber Investitionen von außen. Der Handel nahm zu, und großer Optimismus war spürbar. Damals verwendete man für Indonesien, Thailand, Malaysia, Singapur und die Philippinen wegen der großen Dynamik oft den Begriff Tigerstaaten. Dieser Aufschwung wurde zudem kräftiger als vorher angetrieben von wirtschaftlichem Austausch innerhalb der Region und vom Güterverkehr zwischen benachbarten Ländern. In dieser Zeit gewann auch ASEAN …

… DER REGIONALVERBUND DER SÜDOSTASIATISCHEN STAATEN … … deutlich an Gewicht. Und es war ein Boom, der spürbar auch der Bevölkerung zugutekam. Die Generation meiner Eltern, die kurz nach dem Zweiten Weltkrieg geboren wurde, vor allem die Mittelschicht – ehemalige Beamte, Angestellte, Ingenieure –, bekam nun gut bezahlte Jobs, konnte sich plötzlich vieles leisten, Häuser kaufen.

ABER DIESER ERFOLG STAND LANGFRISTIG DOCH AUF EINEM ZU WEICHEN FUNDAMENT. Ja, die südostasiatischen Märkte waren der internationalen Öffnung, dem Ansturm im Grunde nicht ausreichend gewachsen. Schwächen wurden sichtbar. Unter anderem mit einer Immobilienkrise in Thailand begann der jähe Absturz, die Währungskurse fielen, Geld wurde wieder aus der Region abgezogen.

DIE SOGENANNTE ASIENKRISE VON 1997. Ein echter Schock. Ich war gerade zum Studium in den USA, und meine Kommilitonen aus der Region und ich, wir hörten die Nachrichten, und wir wussten kaum, wie uns geschah. Viele mussten ihr Auslandsstudium abbrechen, weil die Familien nicht mehr genug Geld hatten oder staatliche Stipendien einfach gestoppt wurden. Zu Hause war die Not natürlich vielfach noch weit existenzieller.

BESCHÄDIGTE DIE KRISE NICHT AUCH DEN DEMOKRATISIERUNGSPROZESS, DER NACH DEM ENDE DES KALTEN KRIEGES EINGESETZT HATTE? Nicht grundsätzlich. In einigen Ländern stürzten zwar Regierungen als Folge der Finanzkrise. Aber die erfolgreichen Jahre hatten den Menschen auch gezeigt, dass Demokratie und ökonomischer Erfolg zusammen möglich waren, dass beides eine zivile Form der Stabilität und Sicherheit bringen konnte – anders als die erzwungene Ruhe unter den Militärregimen. Eher leuchtete die Krise jene Dinge aus, die noch verbessert werden mussten. Fragen zur Korruption kamen hoch, aber auch Fragen nach Gerechtigkeit, wie die ungleiche Verteilung von Wohlstand überwunden werden konnte. Und in Indonesien führte der Zusammenbruch sogar überhaupt erst zur Demokratie, zum Ende von Suhartos Regime.

EIN ANDERES THEMA, DAS IN DEN LETZTEN JAHRZEHNTEN DER GLOBALISIERUNG IN SÜDOSTASIEN WICHTIGER GEWORDEN ZU SEIN SCHEINT, IST DIE RELIGION. IST DAS RICHTIG? Religion war eigentlich immer sehr bedeutend. Auch in den modernen Nationalstaaten, da unterscheidet sich Südostasien zum Beispiel stark von Europa. Seit den frühen Tagen der Unabhängigkeit ist der Glaube, welcher Art auch immer, nicht nur wichtig für das individuelle Leben der Menschen, sondern auch für das Staats- und Politikverständnis. Das heißt nicht, dass Religion offiziell in Gesetzen oder Verfassungen festgeschrieben sein muss. Aber in vielen gesellschaftlichen Diskussionen spielt

»RELIGION IST SEHR WICHTIG FÜR STAAT UND POLITIK. GANZ ANDERS ALS IN EUROPA«

die religiöse Dimension eine Rolle, wird genutzt, um Menschen bei zahlreichen Themen zu mobilisieren.

IST RELIGIOSITÄT ALSO AUCH EIN VERBINDENDES ELEMENT SÜDOSTASIENS? Das kann man vielleicht so sagen. Aber – und das ist wichtig – in einer sehr vielfältigen Form. Denn hier haben ja eben verschiedenste Formen von Buddhismus, Christentum und Islam, neben weiteren Glaubensarten, ein Zuhause gefunden.

MALAYSIA, IHR HEIMATLAND, HAT SICH 2001 ZUM ISLAMISCHEN STAAT ERKLÄRT, GENAU IN EINEM JAHR, IN DEM POLITISCHER ISLAM INTERNATIONAL FAST AUSSCHLIESSLICH MIT TERROR VERBUNDEN WURDE. IST MALAYSIA VORBILD FÜR EINEN MODERNEN MUSLIMISCHEN GLAUBEN? Durch die historischen Umstände – die Verbreitung über muslimische Fernhändler – ist der Islam in Südostasien, anders als der Islam etwa im Nahen Osten, grundsätzlich offener. Und den meisten Menschen hier ist das auch durchaus bewusst. Das betrifft zum Beispiel die Gleichheit von Mann und Frau, die weitestgehend selbstverständlich ist. So etwas wie ein Fahrverbot für Frauen wäre hier undenkbar. Ich habe interessante Studien über Geschäftsleute gelesen, die ihre Unternehmen trotz Ramadan und fünfmaligem täglichem Gebet nach modernsten Regeln kapitalistischer Effizienz führen. Die Erklärung des malaysischen Premierministers Mahathir bin Mohamad damals bezüglich des Islamischen Staats änderte übrigens kaum etwas an der Verfasstheit des Landes, sondern war eher ein strategisches Mittel um innenpolitisch zu punkten. Aber dennoch hat die Erklärung auch Begehrlichkeiten bei religiösen Traditionalisten geweckt. Und Nicht-Muslime im Land machen sich zu Recht Sorgen, dass ihre Gleichberechtigung gefährdet ist. Ein solcher Trend ist übrigens auch in anderen Religionen zu beobachten, etwa im Buddhismus.

SIE MEINEN DIE POLITIK GEGENÜBER DEN ROHINGYA IN MYANMAR? Richtig. Im Konflikt des Staates mit der muslimischen Minderheit haben gerade viele buddhistische Mönche einen Kurs der Gewalt befürwortet, sogar vorangetrieben. Hier haben wir es mit einer Form von militarisiertem Buddhismus zu tun.

»IN MYANMAR HAT DIE JUNTA NICHT MIT DER WUCHT DES WIDERSTANDS GERECHNET«

SIE SPRECHEN MYANMAR AN. IN DEN LETZTEN JAHREN SCHEINEN DIE NACHRICHTEN AUS SÜDOSTASIEN EHER DÜSTER ZU SEIN. ES GAB PUTSCHE IN THAILAND, DEN MITUNTER HARSCHEN POPULISMUS VON RODRIGO DUTERTE AUF DEN PHILIPPINEN UND – KÜRZLICH – DEN MILITÄRPUTSCH IN MYANMAR. STECKT SÜDOSTASIEN IN EINER KRISE? Das würde ich nicht so sagen. Schauen wir auf Myanmar …

… EINST DIE AM LÄNGSTEN BESTEHENDE MILITÄRDIKTATUR DER WELT UND EIN IMMER NOCH SEHR ARMES, ISOLIERTES LAND. Ja, aber seit mehr als einem Jahrzehnt gibt es dort einen fragilen Demokratisierungsprozess. Doch der ist vor allem ein Balanceakt, ein Lavieren mit den alten Mächten: Die demokratischen Kräfte suchen Fortschritte, aber dürfen die Militärs, die weiterhin einflussreich sind, nicht zu stark vor den Kopf stoßen. Der Prozess ist kompliziert, und viele Fragen sind ungelöst. Und er ist auch ambivalent: Selbst Friedensnobelpreisträgerin Aung San Suu Kyi, Gallionsfigur der progressiven Kräfte, ist ja aus den Reihen der Reformer kritisiert worden, weil sie das Vorgehen in der Rohingya-Krise nicht verurteilt hat.

ABER NUN HABEN DIE MILITÄRS DEN PROZESS JÄH ABGEBROCHEN. Aber womit sie offenbar nicht gerechnet haben, ist die Wucht des Widerstands. Denn es hat sich unterdessen, in den Jahren der Demokratisierung, oft im Verborgenen, eine relativ starke und breite Zivilgesellschaft entwickelt, die auf einen dauerhaften Wandel setzt und hofft. Diese Leute stellen sich nun mit unterschiedlichen Protestformen – Streiks, Demonstrationen – gegen den Putsch. Junge Leute sind sogar bereit, dafür ihr Leben zu riskieren.

ALSO SIND DIE EREIGNISSE IHRER ANSICHT NACH EHER EIN ZEICHEN FÜR DIE STÄRKE DER ZIVILGESELLSCHAFT? Ich meine schon. Und das geht über Myanmar hinaus. Denn gleichgesinnte Gruppen aus ganz Südostasien nehmen Kontakt zu den Protestlern auf, solidarisieren sich mit ihnen. Und sagen: Dieser Protest betrifft zugleich auch uns. An vielen Stellen Südostasiens muss die Zivilgesellschaft mit autoritären Kräften und Tendenzen ringen. Und sie tut es auch. Das stimmt mich hoffnungsvoll.

KOOPERATION AUF EINER GANZ ANDEREN EBENE WURDE IM NOVEMBER 2020 BESCHLOSSEN. DA TATEN SICH DIE SÜDOSTASIATISCHEN STAATEN IM GRÖSSTEN HANDELSABKOMMEN WELTWEIT – RCEP – MIT ANDEREN ASIATISCHEN LÄNDERN ZUSAMMEN, VOR ALLEM MIT DEM ÜBERMÄCHTIGEN CHINA. IST CHINA DER NEUE HEGEMON IN DER REGION? Der Einfluss Chinas hat eine lange Geschichte, und er folgte häufig einem Auf und Ab. Heute kann es sich gerade aus ökonomischen Gründen natürlich kein Land leisten, nicht mit China zu kooperieren. China ist technisch leistungsstark, ein riesiger Markt. Aber man darf nicht vergessen: Südostasien als Ganzes hat in seiner Geschichte auch gelernt, mit äußeren Einflüssen umzugehen, sie gewissermaßen zu managen, von ihnen zu profitieren. Auch in früheren Jahrhunderten mussten Herrscher, Könige, Sultane chinesische Großmachtpolitik berücksichtigen und idealerweise zum eigenen Vorteil nutzen.

TRIFFT DIESER UMGANG MIT ÄUSSEREN MÄCHTEN AUCH AUF DEN EUROPÄISCHEN KOLONIALISMUS ZU? Ja, in gewisser Weise schon. Denn es erfolgte in jener historischen Phase zwar eine gewaltige Entrechtung und die Unterdrückung vieler Menschen. Aber zu beobachten ist eben auch, dass es Gruppen von Einheimischen gab, die – wie auch immer – politische, soziale und wirtschaftliche Vorteile aus der fremden Einflussnahme ziehen konnten. Die Kunst bestünde heute mit Blick auf China darin, dass die südostasiatischen Länder sich durch strategische Kooperationen mit äußeren Mächten Vorteile schaffen, die vielen zugutekommen, nicht nur einigen wenigen Herrschenden oder Privilegierten.

1997

ASIENKRISE
Ein Einbruch der Finanzmärkte trifft, nach Jahren üppigen Wachstums, die Menschen in der Region hart

2021

PROTESTE
In einer Phase allmählicher Demokratisierung putscht das Militär in Myanmar. Doch Oppositionelle geben nicht auf

WELCHE ROLLE SPIELT EUROPA HEUTZUTAGE IN SÜDOSTASIEN? GIBT ES NOCH EINEN GROLL WEGEN VERGANGENEN UNRECHTS? IN ANDEREN WELTGEGENDEN STELLT MAN JA ZUM BEISPIEL REPARATIONSFORDERUNGEN IM HINBLICK AUF DIE KOLONIALE AUSBEUTUNG. Gerade Indonesien hat in der Frühzeit der Unabhängigkeit seine nationale Identität sehr stark im Gegensatz zu den Niederländern aufgebaut. Aber insgesamt würde ich sagen, die gängige Sichtweise ist schon länger: Lasst uns nicht über die Vergangenheit reden, lasst uns nach vorne schauen. Aus diesen Gründen gibt es auch keine nennenswerte Diskussion über Wiedergutmachung. Ich glaube, Europa hat gerade heutzutage, neben offensichtlichen beiderseitigen ökonomischen Interessen, vielmehr ein großes Potenzial als Verbündeter. Und zwar als ferne Macht, die nicht so nah und bedrängend ist wie China oder auch die ebenfalls in der Region aktiven USA.

AUF WELCHER EBENE SEHEN SIE DIESES BÜNDNIS, DIESE KOOPERATION ZWISCHEN EUROPA UND SÜDOSTASIEN? Vor allem bei der Zivilgesellschaft. Menschen hier schauen zwar voller Besorgnis auf Tendenzen wie einen zunehmenden Rassismus in Europa. Aber eigentlich gibt es große Werteüberschneidungen: Auch in Südostasien wollen die meisten Menschen Regierungen, die nach verlässlichen, fairen, rechtsstaatlichen Grundsätzen funktionieren, die nicht einfach die Regeln ändern, die Personen nicht einfach wegsperren. Kräfte, die genau dafür in der Region arbeiten, zu unterstützen – das wäre eine gute Aufgabe für Europa. ◊

MENSCHEN DAHINTER

AUTORIN

Katrin Diederichs

Vor Jahren war die Hamburger Journalistin als Touristin im Mekong-Delta unterwegs. Für diese Ausgabe hat sie nun die Geschichte jener Männer aufgeschrieben, die den Strom um 1865 erstmals wissenschaftlich erkundeten (Seite 122). Eine Expedition, deren Leistungen sie ebenso staunen ließen wie die Tatsache, dass das Jahrhundertunternehmen bis heute kaum bekannt ist.

FACHBERATUNG

Jan Dreßler

Bei der Entschlüsselung der vielfältigen Gesichter Südostasiens und dessen komplexer Historie stand der Redaktion der Hamburger Jan Dreßler beratend zur Seite: Der Historiker hat als Student ein Jahr in Bangkok verbracht – und später im Rahmen seiner Dissertation zur Geschichte Siams im 18. und 19. Jahrhundert längere Zeit in Thailand, Vietnam und Myanmar geforscht.

ILLUSTRATION

Mohd Faizal Rahmat

Der 3D-Künstler aus Malaysia hat sich vor Jahren die Darstellung der Handelsmetropole Malakka, die einst im Süden seiner Heimat blühte, zur leidenschaftlichen Aufgabe gemacht: Rahmat hat Bauwerke minutiös rekonstruiert, Lücken in der Überlieferung mit Vorstellungskraft gefüllt – und so ein faszinierendes Gesamtbild aus Gesichertem und Möglichem erschaffen (Seite 54).

RECHERCHE VOR ORT

Johannes Strempel

In einem Hotel am »Kanal der 100 000 Stiche« in Bangkok hat der langjährige *GEOEPOCHE*-Autor sein Porträt der um 1850 schillerndsten Metropole Asiens vollendet (Seite 100). Strempel kannte die Stadt schon zuvor gut: Er hat zwischen 2013 und 2017 in Thailand gelebt – und bei der Recherche festgestellt, dass der heutige Alltag in Bangkok dem von damals in vielerlei Hinsicht ähnelt.

GEO KOMPAKT

ENTDECKEN UND STAUNEN: AUF IN DIE ALPEN!

Kaum ein Gebirge ist derart beliebt, so gut erschlossen und intensiv erforscht wie die Alpen. Und doch bergen die Gipfel noch immer Rätsel: Erkenntnisse über ein Paradies im Wandel.

Die aktuelle Ausgabe ist jetzt für 11 Euro erhältlich

GEO EPOCHE KOLLEKTION

DIE GROSSEN REICHE DES MITTELALTERS

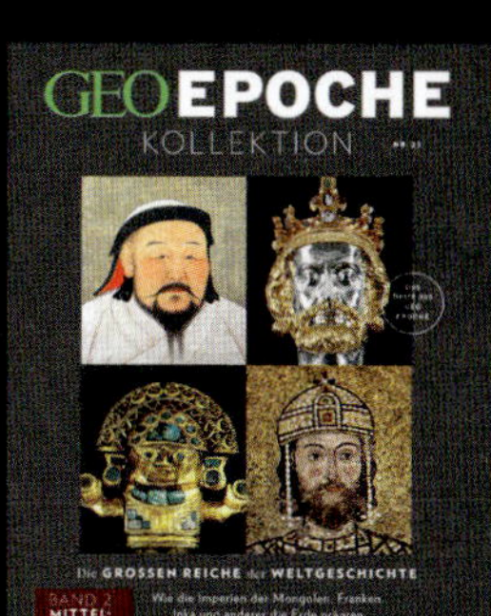

Der zweite Band der Reihe über die Imperien der Weltgeschichte widmet sich der Zeit von 500 bis 1500: Er erzählt vom Kalifenstaat und Karl dem Großen, von den Mongolen, Inka, Byzantinern und weiteren Großmächten.

Die aktuelle Ausgabe von GEO*EPOCHE* KOLLEKTION

DIE KUNST DES FEUDALEN JAPAN

Ende des 12. Jahrhunderts erringen Samurai die Kontrolle über Japan. Bis 1868 werden hochrangige Angehörige des Schwertadels als Shogune die Geschicke des Landes lenken, der Kaiser bleibt meist ein Staatsoberhaupt ohne Macht. Und so sind es vor allem die Samurai, die mit ihren Idealen wie Mut, Ehre und Loyalität die gesamte Kultur des Inselreiches prägen, in der es keinen Rangunterschied gibt zwischen Kunst und Handwerk, Gemälde und Gebrauchsgegenstand. In seiner aktuellen Ausgabe widmet sich GEO*EPOCHE* EDITION der Kunst des feudalen Japan: einer alle Lebensbereiche umfassenden Ästhetik, beeinflusst von den Kräften der Natur, unterschiedlichen Religionen und den Tugenden der Krieger.

GEO*EPOCHE* EDITION »Samurai – Die Kunst des feudalen Japan 1185–1868« hat einen Umfang

Die Geschichte der DEMOKRATIE

Von ihren Anfängen bis zur Gegenwart

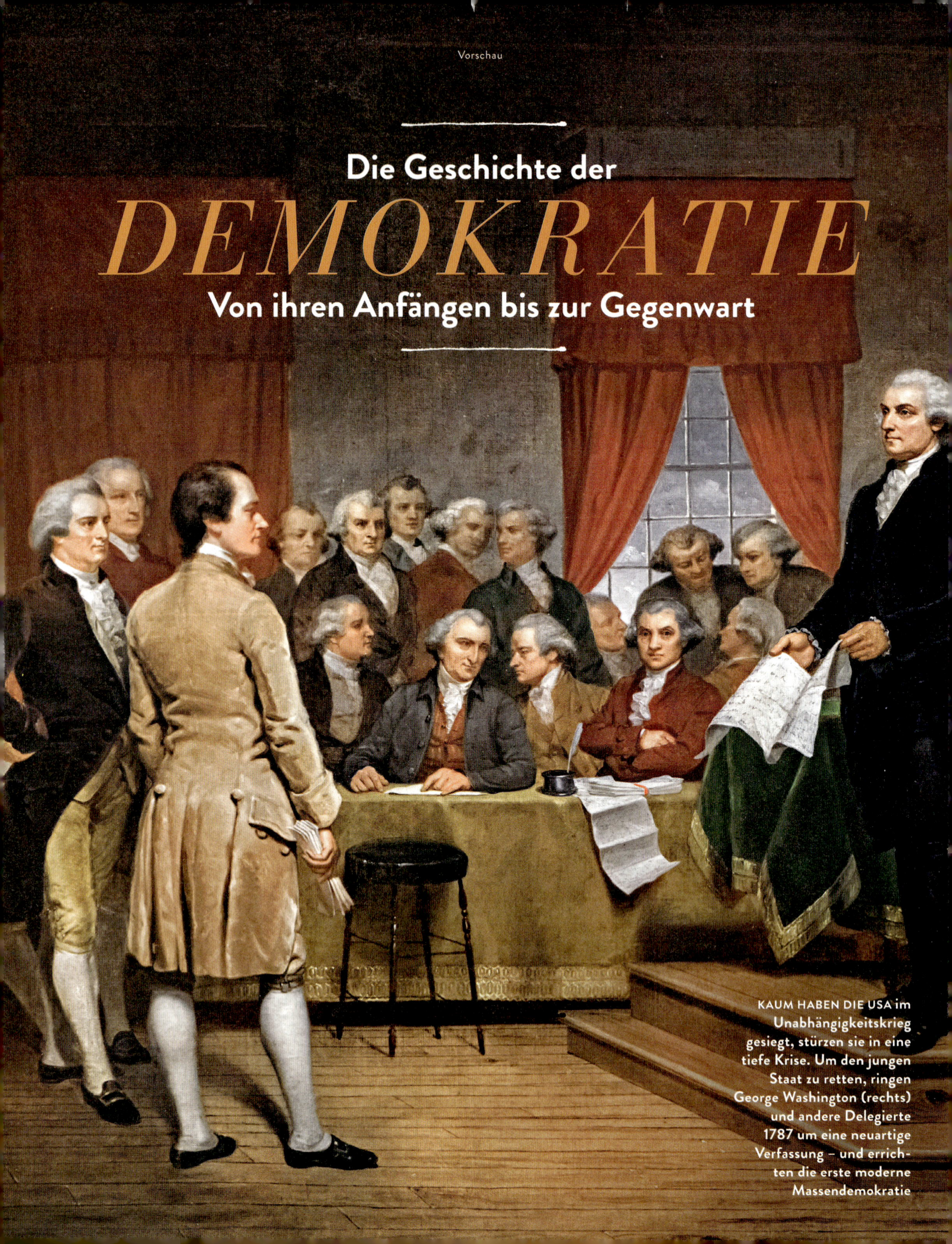

KAUM HABEN DIE USA im Unabhängigkeitskrieg gesiegt, stürzen sie in eine tiefe Krise. Um den jungen Staat zu retten, ringen George Washington (rechts) und andere Delegierte 1787 um eine neuartige Verfassung – und errichten die erste moderne Massendemokratie